当爸是一门学问

赵 黎 著

天津出版传媒集团
天津科技翻译出版有限公司

图书在版编目(CIP)数据

当爸是一门学问 / 赵黎著. -- 天津 : 天津科技翻译出版有限公司, 2025. 1. -- ISBN 978-7-5433-4616-1

Ⅰ. G78

中国国家版本馆 CIP 数据核字第 2024SE6356 号

当爸是一门学问
DANG BA SHI YI MEN XUEWEN

出　　版:天津科技翻译出版有限公司
出 版 人:方　艳
地　　址:天津市和平区西康路 35 号
邮政编码:300051
电　　话:(022)87894896
传　　真:(022)87893237
网　　址:www.tsttpc.com
印　　刷:运河(唐山)印务有限公司
发　　行:全国新华书店
版本记录:880mm×1230mm　32 开本　7 印张　210 千字
2025 年 1 月第 1 版　2025 年 1 月第 1 次印刷
定价:49.80 元

前言
PREFACE

为何要做这个主题的书?

父亲这个话题不太容易开启，父爱总是那么深沉而含蓄，一个女生这样描述自己的父亲：“在餐桌上，遇到我喜欢吃的菜，妈妈会一直夹给我，而爸爸会一直不吃那个菜。”经过和多位爸爸对话，我深切感受到，男人承认自我中心、吐露脆弱，以及暴露柔性的难度。

我坚持做这件事的原因有三个。一是女性对于男性支持的诉求。二是男性对于话语权的委屈：一方面我们看到“觉醒”的女性们已经承担着越来越多的社会和生活角色；另一方面我们也看到很多双标的现象，阻碍着男性的发声。比如在传统认知里，男人们被定义为成大男人，一旦透露出一点儿阴柔脆弱，“人们的传统观念”就会羞辱他们。三是希望提供更多的视角和维度。期待大家抛开性别视角彼此“看见”，在新的“社会心理机制”下都有机会进阶、更新，更好地摸索出适合自己的路径，在孩子的家庭养育里形成友好合作机制。

我尝试从几个视角去理解这个现状：

从个体视角，用发展的眼光观察个体，每一个人在童年、少年、成年、老年期都面临着转型和调整。从家庭情感视角，父亲角色定位不清，被刻板印象禁锢，如育儿经验缺乏、妈妈责任更大。从周期性视角，恋爱期、无娃婚姻期、有娃期、空巢期（娃长大离家）、一方去世或养老期，每一个阶段都面临不同的问题。从时代背景视角，“心理机制”已逐步跨进现代认知，正在改变男主外女主内的认知。

尤其是我们这一代父母，由于自己在创业、创富上经历了很多，不愿意孩子重蹈覆辙，而过于揽责，抢了孩子“自主性”成长的机会，使之成为“空心”的一代。

好在大家都在觉醒，越来越多的人意识到，作为“人”的个体需要被看见、被认可、被尊重；人们越来越了解情绪不是被消除，而是被允许；我们越来越拥有放手和祝福的能力。心理学不再是阳春白雪，正走入千家万户。就像美国心理学会（APA）前主席塞利格曼说的那样：“心理学不应该仅仅是一门用于化解悲伤和忧愁的学科，还应该是一门呈现幸福和快乐的学科”（摘自《塞利格曼自传》）。在物质丰富的时代，人们越来越关注心理。心理压力、焦虑情绪在提示大家身心健康的重要性，慢一点，我们可以慢一点，慢有时反而是快。

著名的心理学家温尼科特提出“足够好的母亲”的概念，给很多妈妈松了绑。这提醒人们，妈妈也是“常人”，这让我们意识到一个现实，靠人类自然心理进化不足以应对科学技术变化之快带来的疲倦感、无助感，以及对未来的恐惧感，主动觉醒和学习、合作与尊重显得更加重要。

本书总结了六类父亲修养的目标或者条件，希望它是一个小石子，能投石问路，启发爸爸们形成适合自己的亲子教育思路；希望它是一面镜子，投射出爸爸们的样子，使他们更好地成为自己，与孩子携手并肩走向未来。

目录
CONTENTS

第三章
做个终身学习型的父亲：我们要教给孩子的，到底是什么？ / 63

第四章
做个会理财的父亲：教给孩子生存的能力 / 147

第五章
做个高“双商”的父亲：逆商和情商同样重要 / 167

第六章
做一个有适应力的父亲：规划未来，不如做好当下 / 203

第一章

做个不缺席的父亲：孩子的成长不容错过

“男主外女主内”：打破传统父权制的枷锁

你是不是也跟我一样，对孩子提出的天马行空的问题挠头不已？世界上有很多难题，但如果要把这些问题按照难易程度排序，我感觉，最难回答的就是孩子提出的问题。有时候是不知道怎么回答，比如被问道：“爸爸，我是怎么来的？”“爸爸和妈妈是怎么生孩子的？”有时候是因为脑袋“空空”，比如被问道：“为什么我们去厕所要说是上厕所？难道厕所都在天上吗？”还有时候是因为问题太过天马行空，比如孩子问：“妈妈，你能给我生个哥哥吗？”“爸爸，为什么你姓什么我就要姓什么？”

这些问题，有时候让人忍俊不禁，有时候让人直挠头，有时候又能直中要害。我们家孩子就特别喜欢提问，有一次吃饭，她突然一本正经地问我：“爸爸，妈妈为什么不上班呀？”我还没来得及回答，“小话痨”就继续说：“不上班就不能赚钱，不赚钱就不能给我买好吃的，妈妈真没用。”虽然童言无忌，但我能明显感觉到妈妈的失落。

这个问题，相信不少爸爸都面对过。《中国全职太太生活调查报告》显示，我国有大约26%的已婚女性选择做全职太太，总数高达3.6亿。其中46%的女性是从怀孕开始成为全职太太，34%则是在生孩子之后。

很多人认为，全职太太的工作很简单，只需要照顾一家几口的衣食，把家里打扫干净，洗洗衣服做做饭，最多再辅导一下孩子的功课就可以了。但实际上，相比职业女性，全职太太的工作强度要高得多，甚至要一天连轴转，尤其是孩子刚出生时，连睡一个囫囵觉都是奢望，几乎没有喘息的空间。一份调查报告显示，绝大多数受访者称，她们在怀孕或产后经历过抑郁或出现过抑郁症状，占比高达46.3%。

所以全职太太的工作，无论是从强度还是从时间来讲，实际上都要比爸爸辛苦得多。但是，在传统父权观念的影响下，全职太太却有被“妖魔化”的倾向。很多人说，她们不上班，不赚钱，是男人的附庸，是“寄生虫”，是“保姆”，没有存在的价值和意义。更严重的是，现在的社会飞速发展，全职太太们由于脱离社会太久，无论是在技能还是在人际交往等方面都大大落后于时代，再融入社会就需要付出巨大的努力。

有一句话说，法律是道德的底线。《中华人民共和国民法典》第五篇婚姻家庭第一千零八十八条规定：夫妻一方因抚育子女、照料老年人、协助另一方工作等负担较多义务的，离婚时有权向另一方请求补偿，另一方应当给予补偿。为什么要补偿呢？因为法律认为，全职太太为家庭付出了更多的时间和精力，而这只是明面上的东西，更深层的是，她们为家庭放弃了在事业和技能上成长的机会。参加工作 10 年，她们可能会从基层员工升任中层领导，但为家庭付出 10 年，她们再想参加工作，反而会因为能力问题不被社会所认可。

前两年有一则新闻，一位 211 毕业的法律学硕士，在怀了二胎之后，不得不放弃工作照顾家庭和孩子。4 年之后，孩子终于上学了，她想要重返职场，结果投了 84 次简历，沟通了 1292 次，尽管求职的岗位从律师到前台、接线员再到物流分拣员，但还是无法找到工作。这样冷冰冰的现实，令人唏嘘不已。211 的硕士尚且如此，更何况其他人呢？

我们经常说全职太太，为什么不说全职爸爸呢？《三字经》中说："子不教，父之过。"表面上看起来，这是一种责任和义务，但只要仔细一想，就不难发现这句话更深层的含义，其实说的是权力。

为什么这么说呢？因为这里的"子"专门指儿子，换句话说，女儿是不必接受教育的，因为"女子无才便是德"，只要会做点女红，懂得"三从四德"，相夫教子就可以了。《女儿经》中就有云："第一件，习女德；第二件，修女容；第三件，谨女言；第四件，勤女工。"在这样的环境中，母亲就算想，也没有能力去教育儿子。

“子不教，父之过”实际上反映了一种权力关系和权力转移的情况。在传统的父权制度下，父亲通常被视为家庭的首脑和权威，对家庭成员和家庭事务拥有决定权。

父权制的产生和确立，并不是一朝一夕的事，甚至可以追溯到原始社会。对于人类来说，大脑是一件确立统治地位的“武器”，虽然它只占体重的2.5%，却要消耗总能量的25%。这带来了两个问题。一是人类胎儿需要更长的时间才能完全发育并脱离母体。相比其他哺乳动物，人类的孕期更长，这给了母体更多的时间来支持胎儿大脑的发育，但同时也增加了孕育的负担和风险。二是人类需要更多的能量来维持大脑的正常功能，而其他器官和系统就难免因此受到影响，从而导致身体其他部分的弱化。人类胎儿需要10个月或更长时间才能学会行走，而小马出生后，两小时之内就能站立。

面对恶劣的生存环境，人类拿出了一个解决办法：必须有一个人全职照顾婴儿，另一个人提供食物和其他生存资源。于是婚姻产生了。婚姻将男女联系在一起，形成家庭单位，其中女人专职照顾孩子，男人则负责获取生存资源。这样一来，就形成了“男主外女主内”的局面。男性在获得支配地位后，自然要想方设法把这种地位巩固下来，久而久之，父权制就产生了。

但是，父权制在逻辑上存在根本的缺陷。

父权制主张父亲拥有绝对的权威和决策权，但这种权威并没有经过理性的论证或合理的解释。为什么父亲具有这种权力？这种权力基于什么样的原则或逻辑呢？有人可能会说，父亲拥有更多的经济资源或更高的社会地位，因此应该拥有更多的权力。然而，这种推理可能存在逻辑上的问题，因为经济资源或社会地位并不意味着其拥有更高尚的道德品质或更强的决策能力。照这个说法，是不是最有钱的人就应该成为国家元首呢？那美国总统应该是比尔·盖茨、贝索斯、洛克菲勒才对。

所以说，获取资源的能力不能等同于权力和地位。古希腊哲学家柏拉图曾经构想过一个理想国，他认为，国家首领应该是具有智慧、公正和道德品质的哲人统治者，能够不偏不倚地对待每个人，尊重法律和道德原则，保护每个人的权利和利益。他应该具有高尚的道德品质，以身作则，以善行示范，引导国民秉持良好的道德品质。

另外，在父权制的权力结构中，父亲的权威和权力不是理性的结果，而是天然的。也就是说，无论什么样的父亲，都具备绝对的统治权威，都有教育子女的权力，不过这样却忽略了个体差异，很多人身上问题多多，根本就不是什么合格的父亲，比如赌博成瘾、有暴力倾向、情绪不稳定等。这些问题可能导致他们不但无法有效地行使父亲的责任和义务，甚至还会给家庭带来伤害和危险。

实际情况是，家务劳动比社会工作需要付出更多的精力和时间，养育孩子也远比其他工作辛苦得多，甚至可以说是最辛苦的工作。因为它没有上班和下班之分，即使是深夜，也要时刻关注和照顾孩子。

所以，在家庭中，一个合格的爸爸首先要摆脱传统父权制的结构，尊重妈妈，尊重妈妈的劳动，分担家务，让妈妈成为孩子心中有价值的人。

爸爸的时间表："丧偶式育儿"的困境与出路

爸爸带孩子，没有危险的时候，爸爸就是最大的"危险"。这句广为流传的话虽然是戏言，却能说明很多问题。

2024 年高考期间，有位考生爸爸就做了一件让人大跌眼镜的事。这位爸爸平时不怎么管女儿，高考这天专门回来陪考。女儿上午考完，因为停电又爬了十几层楼，回家特别累，就定了个 1：40 的闹钟，午休前千叮咛万嘱咐，让爸爸一定要叫醒自己，爸爸也是满口答应，让女儿放心。可是，直到 2：40，这位爸爸才叫醒女儿，此时离考试只有 5 分钟了。女儿骑着车一路狂奔，结果差 1 分钟没能进入考场。

孩子妈妈事后回忆："当孩子哭着和她爹回来的时候，说是没能去参加英语考试，那一刻我彻底崩溃了，傻了，心几乎在滴血，但一滴泪都流不出来。天知道这当爹的是真的睡着了，还是在专心致志地掼他的蛋……"

英语是这个小姑娘的强项，二模时就考了 127.5 分，据学校的老师说，如果能正常参加考试，考一本是没问题的，出现这样的结果，实在令人惋惜。

几年前有个很火的综艺节目叫《爸爸去哪儿》，其同名主题曲中，孩子们用稚嫩的童声唱："老爸老爸，我们去哪里呀？"爸爸用坚定的声音回应："有我在就天不怕地不怕。"可现实中，"不靠谱"却是爸爸们最为普遍的标签。"男主外女主内"叙事的终点，是很多家庭面临的"丧偶式育儿"困境。孩子们问得最多的问题，不是"老爸老爸，我们去哪里呀"，而是"爸爸在哪呀"。

上海社会科学院发布的《中国家庭教育与儿童发展蓝皮书（2023）》显示，"丧偶式育儿"几乎是普遍现象，在"母亲、祖父母、其他人、父亲"四类照管人中，父亲照管孩子的时间排在最末位。

2012—2020 年儿童主要照管人全国总体情况

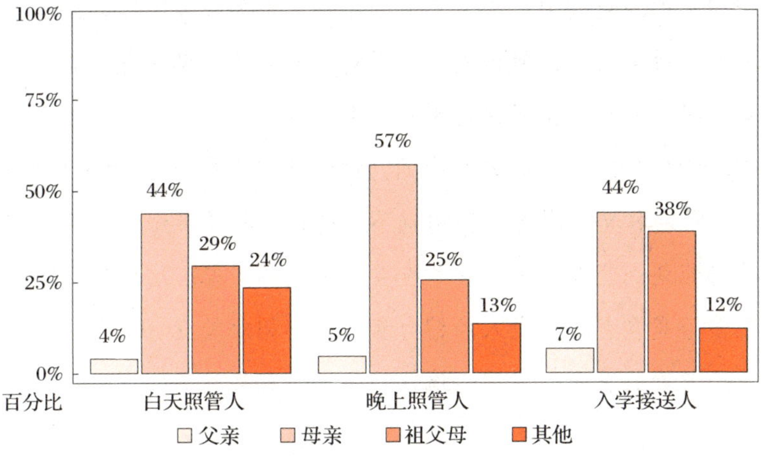

这也就解释了为什么爸爸如此“不靠谱”。

爸爸“不靠谱”的背后，是现代家庭中父亲角色的缺失，是社会对于父亲责任的模糊定义。很多爸爸因为工作繁忙，错过了孩子成长中的重要时刻,甚至对孩子的生活细节一无所知。家庭教育的重担几乎全部落在了妈妈身上，爸爸在孩子成长中的存在感越来越低。

这种“丧偶式育儿”是多方面原因造成的。

爸爸们通常在外工作的时间较长，陪伴孩子的时间相对较少。工作和家庭的双重压力，使得爸爸们往往难以平衡，导致他们在家庭事务和孩子的成长过程中缺席较多。由于长时间不在孩子身边，爸爸们对孩子的日常生活和习惯缺乏了解，因此在关键时刻容易出错。

育儿经验的缺乏也是一个重要原因。很多爸爸在育儿过程中扮演的角色较为次要，具体的照顾任务更多地由妈妈或其他家庭成员承担。这使得爸爸在面对孩子的实际需求时，显得手足无措，甚至做出错误的判断。由于缺乏实践经验，爸爸们不知道如何应对孩子的突发状况,因此导致“不靠谱”的现象频发。

社会和文化观念的影响也不可忽视。传统观念仍然认为育儿是妈妈的主要责任，爸爸主要负责经济支撑。这种观念导致很多爸爸在育儿上投入的精力和时间都相对较少。而在这种环境下长大的孩子，习惯性地依赖妈妈而忽视爸爸的作用，使得爸爸在育儿中的参与度和责任感进一步减弱。

父亲角色的定位模糊也是一个重要原因。很多爸爸在家庭中缺乏明确的角色定位，不知道自己在孩子的成长过程中应该承担哪些具体责任。这种模糊的角色定位使得他们在育儿过程中显得“无从下手”，容易犯错。特别是在面对一些细节问题时，爸爸们常常因为不确定自己的职责而显得不够可靠。

在家庭教育中，爸爸的作用和影响至关重要。尽管传统观念常常将育儿的主要责任归于妈妈,但研究和现实经验都表明，爸爸在孩子的成长过程中扮演着不可替代的角色。

美国纽约大学应用心理学教授凯瑟琳（Catherine Tamis-LeMonda）和她的同事们在过去十几年中，对一群来自不同家庭、隶属于不同阶层的孩子进行了跟踪研究，并在孩子24个月大时进行了标准化的语言能力和智商测试。

研究人员在家庭环境中长期观察父母与孩子的互动，并分别记录父母和孩子在一起时的敏感性（准确捕捉并及时回应孩子的需求）、好感（父母对孩子的积极情感）、智力激励（丰富孩子的知识和增强其能力）。

到36个月时，研究团队再次对孩子们做标准化的语言能力和智商测试，结果显示，在敏感性、好感和智力激励方面表现越好的父亲，孩子的语言能力和智商就会越高。这表明，父亲的积极参与能够显著提升孩子的语言能力和智商，且这种影响与母亲的贡献具有互补性。

而这只是父亲对孩子智商及语言方面的影响,更重要的是,在性别认同方面，爸爸也起着无可替代的作用。

在心理学上，性别认同是个体对自己所属性别的心理认同和接受程度，涉及个体如何理解和表达自己的性别身份，以及对性别角色、特质和行为的接受程度。

对男孩来说，爸爸不仅仅是一个亲密的陪伴者，更是生活中的一个重要导师和榜样。他的行为和态度，无论是在家庭生活中还是社会互动中，都深刻地影响着儿子的性别角色认知和行为模式。

从出生时起,男孩对于男性的一切理解几乎都来源于爸爸,爸爸的行为方式如同一本《男性行为性格指南》，在无意识中教导儿子如何成为一个男性。中国有句老话叫“有其父必有其子”，说的就是这个道理。甚至可以说，爸爸是什么样子，儿子就大概率会变成什么样子。如果爸爸长期缺席，就会导致男孩在最重要的成长阶段缺乏一个真实的男性角色模型和导师,进而造成各种严重的问题。

长大之后，他们可能会对女性感到恐惧，认为自己无法满足对方的要求，或者用玩弄女性的方式来获得男性身份的认同感和力量感，或由于对妈妈的依赖与讨好，成为“妈宝男”，无法与其他女性建立长期稳定的亲密关系。

对女孩来说，父亲缺位所带来的问题要更严重。从心理学的角度看，父爱对女性成长的重要性在于提供安全感、自尊心和身份认同的建立。父爱的缺失可能会导致情感上的空虚和认同上的不稳定，从而影响她们在成年后的情感互动和亲密关系的建立与维持，导致两种极端后果。

第一种：恋父和低自尊姿态。

缺少父爱的女性可能会寻找与父亲类似的男性，这种类似不仅仅是外貌上的相似，更是性格和行为上的相似。由于缺少父爱的滋养和支持，她们还有可能会表现出对自我价值的负面评估，觉得自己不值得被爱或者配不上一个理想化的男性，导致在恋爱关系中牺牲自己或者过度理想化对方。

第二种：对男性不信任。

缺少父爱的女性也可能会对男性过度挑剔，总是找对方的缺点而忽视其优点，对亲密关系表现出不信任，导致很难维持一段长久的关系或者不愿建立深度的亲密关系。

每个男孩长大后都有可能成为一位父亲，而每个女孩也都有可能成为母亲。如果父亲在他们小时候的成长环境中是缺席的，那么，这种家庭关系和养育模式，大概率也会继续下去。

说得更实际一点，家庭是孩子的第一所学校，而父母作为孩子的第一任老师，对于他们对世界的认知和心理发展有着深远的影响。一个长期缺席的爸爸，会让孩子觉得父亲的角色是可有可无的，认为父亲在家庭中并不重要。这会影响孩子对家庭角色的认知,最终导致男孩在成家立业之后忽视自己的责任，女孩即使身陷不幸的家庭关系，也会认为是理所当然的。

幸福的童年可以治愈一生，而不幸的童年则需要用一生去治愈。爸爸是一份责任，而不是工作，只有“缺席”的爸爸们真正回归到家庭中，孩子们才能成长为一个完整的人。

家庭时光：如何平衡工作与家庭

我有个朋友是程序员，在一线城市工作，每个月光房租就8000多元。此外，还贷款在某省会城市买了一套房，虽然收入还算丰厚，但赚的钱基本只能维持日常开销。对他来说，加班是家常便饭，就算是周末，老板一个电话也得马上过去。尤其是这几年，公司开始裁员，老板追求极致“性价比”，不加班就要被“优化”，为此只能卷，不敢有丝毫喘息的时间。

其实，我这位朋友还算好的，房租虽然高一点，但好歹离公司近一点，通勤上不用耽误太多时间，很多人的情况则要糟糕得多。

一份调查报告显示，2023年我国企业就业人员的周平均工作时间高达49小时，也就是每天工作时间超过9.8小时（工作日）。另一份报告则显示，北京市2022年的平均日通勤时间达50分钟，其他大城市也不遑多让。至于双休，对于大部分“打工人”来说更是奢望。

对于很多人来说，应付工作和生活琐事已经疲于奔命了，确实很难抽出时间兼顾家庭和孩子，这个事情我有切身体会。

然而，陪伴才是最长情的告白，这绝不是一句空话，而是实实在在的，陪伴能给予孩子一生的温暖和力量。

很多时候我都会想，父母为了孩子的幸福忙忙碌碌，想要在力所能及的范围内，给孩子最好的物质条件，让他上最好的学校，穿最好的衣服。然而，回过头来看，却发现错过了孩子的成长，这是多少物质都无法弥补的。原来，路一直就在自己脚下。

作为爸爸，平衡工作和生活，把一部分时间抽出来留给孩子，是最重要的一件事。但只讲空话和套话没有意义。我现在是自由职业，但是比上班更忙、更累，加班到凌晨两三点是常有的事。所以，相信我的一些经验，对于爸爸们来说还是具有一定借鉴作用的。

设定固定的亲子时间

尽管工作忙碌，但可以每天或每周设定固定的时间专门陪伴孩子。我会把时间设置在睡觉前，花上 10 ~ 30 分钟，给孩子读读书，讲讲故事，有时候讲一些生活里的趣事。关键是要坚持在这个时间段放下手头的工作，不受工作打扰，让孩子感受到你对他们的重视。

利用碎片时间

即使工作再忙，也总有一些零碎的时间可以利用。例如，早晨送孩子上学的路上、晚饭后的短暂休息时间、临睡前的几分钟聊天时间。这些碎片时间虽然短暂，但只要用心陪伴，依然可以增进亲子关系。

参与孩子的兴趣活动

了解孩子的兴趣和爱好，尽量参与其中。例如，如果孩子喜欢绘画，可以陪他们一起画画；如果孩子喜欢运动，可以一起去公园跑步或踢球。参与孩子的兴趣活动，不仅能增加陪伴时间，还能更好地理解和支持他们。

利用科技手段

如果出差或加班时间较多，可以通过科技手段保持联系。例如，利用视频通话、语音留言等方式，随时与孩子沟通，分享彼此的生活和感受。虽然不是面对面，但依然能传递关爱和给予关注。

保持一致性和稳定性

无论工作多忙，都要保持与孩子相处的一致性和稳定性。例如，参加孩子的学校活动、同学之间的聚会等。让孩子知道，无论什么时候，爸爸都是他们生活中重要的一部分。

通过这些实际的策略，即使在繁忙的工作中，爸爸们依然可以找到时间陪伴孩子，这样才能建立起良好的亲子关系。

参与孩子的每个重要时刻：从学步到毕业

前一段时间认识一位很有名的儿童文学作家，她在分享自己的童年经历时说，她的妈妈是一位农村妇女，没上过几年学，也不会赚钱，家里一直很穷，穷到了有时候连锅都揭不开的程度。

但是，不管多么困难，妈妈总是会陪着她一起读书。不是读寓言、童话，而是读陀思妥耶夫斯基、高尔基、鲁迅的书。妈妈告诉她："悭吝人就是小气鬼，跟咱们邻居某某一样。""这个草呀，咱们院子里就有，我带你看看。""你也可以像小鲁迅一样，在桌子上刻一个'早'字。"正是这些童年一点一滴的陪伴，成了她一生享用不尽的力量源泉。

这位作家的故事让我很受启发。于是，我努力回想了一下，但发现自己的童年实在乏善可陈，只隐约记得几件事。一是小学时家里养兔子，妈妈发高烧起不了床，爸爸在很远的地方，我拿着一个桶，和妹妹一起打扫兔子窝，铲了满满一桶兔粪，吃力地抬到门口倒掉。二是数九寒冬，刚下了一场大雪，妹妹半夜想妈妈哭闹不停，吵得一家人无法入睡，结果被爷爷直接拉出被窝丢到被月光照得明晃晃的院子里，我等到爷爷打鼾才悄悄出去把妹妹领了回去，这时她还在那里抽泣。还有印象最深的一次，是爷爷把我带到田里干活，让我搬一筐特别重的菜，我搬不动，他就对我怒目而视，骂我什么都做不了，真没用。

那位作家为什么对妈妈讲的故事记得那么清楚，我又为什么对童年的这些事印象深刻呢？

从脑科学的角度来看，记忆是我们大脑的一项重要功能，但大脑最擅长的事情之一却是遗忘。这种遗忘并不是我们的记忆力出了问题，而是一种自我保护机制。我们的大脑每天都要处理大量的信息，如果不进行遗忘，信息的积压会导致认知过载。因此，大脑会自动过滤掉无关紧要的信息，只保留对生存和生活有重要意义的记忆。遗忘是一种自我保护机制，可以帮助大脑保持高效运转。对于一些负面和创伤性的事件，大脑也会通过遗忘来减少心理负担，保护个体的心理健康。然而，这并不意味着这些记忆完全消失，它们可能被压抑在潜意识中，只有在特定情况下才会被触发。

记忆与情感有着密切联系，强烈的情感体验会增强记忆的持久性。妈妈讲的故事常常充满温暖、爱和安全感，这些强烈的情感体验会让大脑更容易记住这些时刻。杏仁核是大脑中负责处理情感的区域，它与海马体（负责记忆的区域）紧密相连。当我们经历强烈情感时，杏仁核会刺激海马体，使得这些情感事件被更好地编码和存储。因此，妈妈讲的故事特别容易被记住。

心理学上有一个“印刻效应”，是指在个体的早期发展阶段，一些特定的行为和经验会在大脑中留下深刻的印记，影响其一生。这个概念最早由动物行为学家康拉德·劳伦兹（Konrad Lorenz）提出，他发现刚出生的小鸭子会在生命的关键时期内，对看到的第一个运动物体产生深刻的依赖和认同。这种现象在人类的心理和行为发展中同样存在。

童年是大脑发育的重要阶段，许多基本的认知和情感模式在这一时期形成。这个阶段的经历往往会对人的一生产生深远影响。由于大脑在童年时期的高度可塑性，童年的记忆往往特别深刻和持久。再加上童年的经历常常伴随着强烈的情感反应，而这些情感体验会增强记忆的编码和储存，无论是快乐的玩耍时光，还是充满爱意的家庭故事。

儿童早期是大脑发育的黄金时期

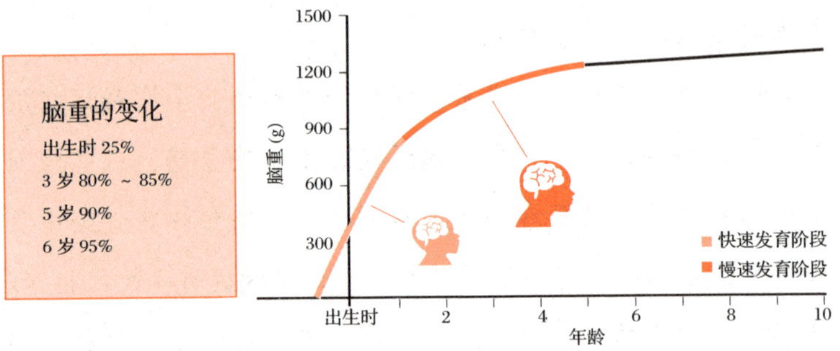

孩子的成长过程中有许多关键时刻，这些时刻往往对他们的心理发展和人格形成产生深远的影响。因为这些时刻大都伴随着强烈的情感和重要的认知体验，孩子们对这些时刻的印象往往是最深刻、最持久的。爸爸们的参与不仅能为孩子提供情感支持，还能在关键时刻塑造孩子的自信心和价值观。这就是为什么爸爸们一定不能错过儿童成长关键期的原因。

下面介绍一下孩子成长中的那些关键时刻：

◇ 初步独立：第一次学步

迈出第一步不仅是身体上的进步，也是孩子自信心的初步建立。独立行走让孩子开始探索周围的世界，开始萌发好奇心和探索欲。爸爸可以陪伴孩子练习学步，给予鼓励和支持，为孩子提供一个安全的探索空间。

◇ 语言发展：第一次说话

第一次说话标志着孩子开始用语言表达自己的想法和需求。爸爸可以与孩子进行语言互动，多与他们交谈，鼓励孩子用语言表达自己的感受和需求。

◇ 社交启蒙：第一次上幼儿园

上幼儿园是孩子第一次离开家庭环境，与同龄人互动和学习社交技能，也从这一刻起，开始离开父母的照顾，独立面对新的环境和挑战。在孩子上幼儿园初期，爸爸的陪伴和支持可以帮助他们适应新环境。

◇ 学龄期：第一次上小学

小学阶段是孩子养成良好学习习惯的关键时期。这一阶段孩子开始系统地学习各种知识，为未来的学习打下基础。爸爸可以帮助孩子养成良好的学习习惯，辅导他们完成家庭作业；参加家长会和学校活动，了解孩子的学习情况。

◇ 兴趣培养：发现并发展爱好

兴趣和爱好的培养有助于孩子个性的发展，帮助他们找到自己的热情所在。通过兴趣活动，孩子可以学到新的技能，增强自信心。爸爸可以支持孩子参加各种兴趣班和课外活动，鼓励他们探索自己的兴趣。

当然，孩子们的每一次生日，每一次小小的成就也都是值得纪念的。我家里就有一面照片墙来记录这些珍贵时刻。还有第一次学会骑自行车，第一次入园，第一次毕业，第一次去动物园，第一次学滑滑板、滑旱冰……

我相信，这些看起来似乎微不足道的日常，在不久的将来，都会成为孩子面对残酷生活、面对冰冷世界的一面温柔的盾。

不缺席孩子的重要时刻，不仅是一种形式上的陪伴，还是在向他们传递重要的信息。这些信息不仅影响他们的心理发展，而且还在无形中塑造他们的价值观和人生观。

通过在这些关键时刻的积极参与，爸爸们不仅能为孩子提供坚实的情感支持，还能在他们的人生道路上产生深刻而持久的正面影响。

爸爸的角色转换：从外到内的心灵陪伴

苏轼小时候家里发生了很多颇具传奇色彩的事情。当地有一种叫桐花凤的鸟，非常漂亮，也非常珍贵，实属罕见。可奇怪的是，苏轼家却有好几百只，而且把巢筑在很低的枝杈上，低头就能看到。乡里人都很奇怪，把这当成奇闻。后来，苏轼在《记先夫人不残鸟雀》中给出了答案。原来，程夫人（苏母）信佛，严禁家里人杀生，久而久之，鸟雀们就越来越多，丝毫也不怕人。

还有一件事，也让苏轼印象深刻。苏家兄弟小时候，程夫人教他们读《汉书》，读到《范滂传》时，小苏轼听得异常认真，眼睛里好像在闪光一样。忽然，他一本正经地问："母亲，如果我长大要当范滂，您会答应吗？"

范滂是东汉名臣，为官正直清廉，铁面无私。当时宦官作乱，抓捕杀害了很多官员，范滂上疏犯颜直谏，揭发权贵，也被阉党关进大狱，判处极刑。临刑前，范母赶来送别，范滂对母亲说："希望母亲不要过分悲伤，忘掉离别之情。"范母却忍着眼泪说："你如今能够与李膺、杜密齐名，死得其所，我有什么好悲伤的？又要好名声，又想要长寿，哪里有这样两全其美的好事！"范滂听后叩别母亲，慷慨赴死。

千年之后，在苏家的书房里，程夫人也要回答这样的问题。看着眼前一脸天真的孩子，程夫人语重心长地说："你能做范滂，我难道就不能做范母吗？"谁也没有想到，这句话居然在小苏轼心里种下了一颗梦想的种子。

苏轼一生极其坎坷，三次被贬，行程几乎遍布整个宋境，最远一次被贬到"天涯海角"的儋州。可是，无论生活如何艰苦，他都没有忘记童年时母亲的教诲。在黄州时，他穷困潦倒，连养家都成问题，却看不得婴儿被遗弃，出钱出力成立了救儿会。流放惠州时，他见当地百姓饮水困难，就帮助当地百姓引泉水入城，解决了喝水问题。流放儋州，九死一生，他又创办书院，给海南播下了文明的种子，使"天涯海角"诞生了第一个进士。

苏轼去世前两个月游览金山寺，曾作诗给自己这一生做了个总结（《自题金山画像》）：

心似已灰之木，身如不系之舟。

问汝平生功业，黄州惠州儋州。

这显然是东坡居士的自嘲，也是他乐观主义生活态度的最佳体现。无论生活多苦，苏轼总是能找到自娱自乐的方式。在江边打水漂，自学酿酒，呼朋唤友四处游玩。正是这种乐观的精神和态度，才支撑他走向“坡仙儿”的人生。

我讲苏轼的故事，是为了说明一个主题：真正的陪伴，绝不仅仅是外在的，而是心灵的陪伴。

知名心理学家阿尔伯特·班杜拉（Albert Bandura）曾做过一项著名的波波娃娃（充气娃娃）实验。在这个实验中，儿童通过观察成人对一个波波娃娃进行攻击性行为，学会了类似的攻击性行为。实验结果表明，儿童不仅能够通过观察学习新行为，还会根据观察到的行为结果调整自己的行为。

儿童被分为三组：一组观察成人对波波娃娃进行攻击性行为；另一组观察成人对波波娃娃表现出温和行为；还有一组不观察任何行为。实验结果显示，观察到攻击性行为的儿童更有可能模仿这些行为，而观察到温和行为的儿童则表现出更小的攻击性。

这项实验表明，行为可以通过观察和模仿学习，而不仅仅是通过直接的强化和惩罚。这就是著名的社会学习理论（Social Learning Theory）。这一理论在行为主义和认知主义之间架起了一座桥梁，强调了环境、认知和行为三者之间的相互影响。

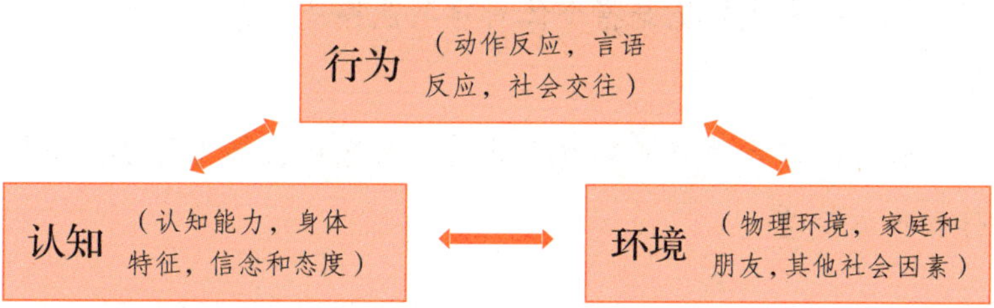

社会学习的核心概念

观察学习（Observational Learning）

定义：观察学习指的是个体通过观察他人的行为及其结果来学习新的行为。

过程：观察学习包括注意、记忆、复制和动机这四个过程。

模仿（Imitation）

定义：模仿是指个体根据观察到的行为进行相同或类似的行为。

影响因素：模仿行为受模仿对象的特质（如权威性、吸引力）、观察者的特质（如自我效能感）和环境因素的影响。

替代强化（Vicarious Reinforcement）

定义：替代强化是指个体通过观察他人行为的后果而受到强化。

过程：如果观察者看到模仿对象的行为得到了奖励，他们更有可能重复该行为；相反，如果看到模仿对象的行为受到了惩罚，他们则更有可能避免该行为。

自我效能（Self-Efficacy）

定义：自我效能是指个体对自己能够成功执行某种行为的信念。

影响：自我效能感影响个体的行为选择、努力程度、坚持性和情绪反应。

社会学习的过程

注意（Attention）

个体必须注意到所观察的行为及其结果。注意力的分配受多种因素影响，包括观察者的兴趣、模仿对象的特质和环境因素。

记忆（Retention）

观察到的行为必须被记住，以便在需要时能够再现。记忆过程涉及符号编码、组织和储存。

复制（Reproduction）

观察者必须能够将记住的行为再现出来。这一过程依赖于个体的身体能力和已有的技能水平。

动机（Motivation）

观察者必须有动机去再现观察到的行为。动机受替代强化、自我效能感和个人目标的影响。

接下来，我们将这个理论带入到苏轼的童年经历中。

注意：苏轼在童年时期非常注意母亲的言行，尤其是母亲在教他读《汉书》时的态度。

记忆：苏轼记住了母亲的教诲和她所讲述的故事，这些记忆在他的心中留下了深刻的印象。

复制：苏轼在成年后通过自己的行为再现了母亲的价值观，例如在黄州、惠州和儋州的经历中，他始终坚持仁爱和正义的原则。

动机：苏轼受到母亲教育的深刻影响，内心充满了实现这些价值观的强烈动机，这种动机在他一生中不断驱动他去践行这些价值观。

苏轼的童年经历充分体现了班杜拉社会学习理论的各个方面。他通过观察母亲的行为，模仿并内化了母亲的价值观，这些价值观在他的一生中发挥了重要作用。

所以我们对孩子的陪伴，不应是表面的、形式上的陪伴，而应是深入他们的心灵，这种深层次的陪伴不仅能建立强烈的情感连接，促进孩子的情感发展，还能帮助他们建立健康的价值观和正确的自我认知。

决定一个人最终成就的，不是知识，不是金钱，也不是地位，而是他（她）对于世界的认知和看法，这种认知和看法在很大程度上影响了一个人的思维方式、行为选择和人生路径。对孩子的内心观照，实际上是让他们学会如何正确去看待这个世界，看待自己与他人的关系，如何面对无法避免的失败，如何在失败之后重新站起来。

对于孩子们来说，这才是最重要的。毕竟，我们看过那么多天才陨落的故事，不是吗？

第二章

做个蹲下来的父亲：放弃大男子主义，平等才是王道

放下权威：做孩子的朋友而不是统治者

在开始之前，请大家发挥想象力，构建一下这个场景：你生活在一个星球上，这个星球除了你之外，还有两个巨人。他们会为你提供生存所需要的一切物质，心情好的时候，还会给你买一点你喜欢的东西。但前提是，你必须听他们的话，不许有自己的想法。你只能不断地告诉自己，一定要听话，一定要听话。

可有时候，你也会有自己的想法，这时，巨人就会冲你大吼大叫，甚至挥拳相向。于是，你学会了小心翼翼，学会了察言观色，学会了压抑自己的想法，知道在什么时候该说什么样的话。如果你运气好，碰到温柔的巨人还好说，可一旦运气不好，碰上一个脾气很差的，等待你的将会是无尽的恐慌与绝望，哪怕有一天你逃离，你也会被这种恐慌与绝望所笼罩。

你对权威变得极其顺从，不敢反抗。你可能会在生活中表现得缺乏自信，过于依赖他人的指示和指导，而不敢发表自己的意见或采取主动行动。为了避免冲突和伤害，你会不断地讨好身边的所有人，尽量让他们满意。你害怕别人不高兴，甚至不惜牺牲自己的需求和意愿，只为了维持表面的和谐。你对周围环境和人际关系充满不安全感，始终担心会再次遭受伤害。这种不安全感可能表现为极度焦虑、紧张，甚至导致社交回避或孤立自己。你长期压抑自己的想法和感受，失去对自我的认知和理解。你会觉得自己的意见和感受不重要，甚至难以表达真实的自己，陷入身份认同危机。巨人对你的控制和暴力行为还会给你留下深深的心理创伤，导致你在生活中出现经历创伤后应激障碍（PTSD）的症状，如闪回、噩梦、情感麻木等。

你一定也想到了，这个星球就是家庭，你是孩子，而那两个巨人就是父母。所有的孩子都是这颗星球上的小小生灵，而他们如何生活，所有的权利都掌握在父母的手中。

中国传统家庭中有很强烈的尊卑和等级意识，父母（尤其是父亲）在家中就是天，是拿着鞭子的规训者，儿女则是被规训者，必须遵守一系列伦理纲常，如“父为子纲 ”“百善孝为先”“事亲以敬，养亲以乐，亲忧子复命，亲爱子立身”。就算父母说的是错的，作为儿女也要无条件服从：“事父母几谏，见志不从，又敬不违，劳而不怨。”到后来甚至发展出了《二十四孝图》这样惊世骇俗的产物。

鲁迅曾专门写过一篇《二十四孝图》对其进行批判：“至于玩着‘摇咕咚’的郭巨（《郭巨埋儿》）的儿子，却实在值得同情。他被抱在他母亲的臂膊上，高高兴兴地笑着；他的父亲却正在掘窟窿，要将他埋掉了……然而我已经不但自己不敢再想做孝子，并且怕我父亲去做孝子了。”

中国古代的这种制度，可以一直追溯到商周时期的宗法制度，后来又经过几千年的加固，成了一个巨大的铁桶，把所有人都罩在里面。中国古代社会主要是农业社会，土地是最重要的生产资料。农业生产需要大量的劳动力和长期的稳定合作，这就要求家庭成员之间有明确的分工和严格的等级秩序，以确保农业生产的高效进行。

农村有句老话：“家有一老，如有一宝。”在缺乏信息的农业社会，老人的经验就是最重要的生产力，所以地位最高。但是，这样问题就出现了。老人占有最多资源，身体却最弱，怎么防止年轻人谋权篡位呢？最好的办法就是把孝道当成社会的最高原则固定下来，甚至把它神化，让所有人从小就接受这样的教育，让子女心里常怀感激和愧疚——“身体发肤受之父母”，连你的命都是父母给的，孝顺不是天经地义的事吗？

对于这种根深蒂固的观念，我要借胡适先生的话提出反对意见。

胡适在给时年10岁、在苏州读书的儿子胡祖望的信中说：“我养育你，并非恩情，只是血缘使然的生物本能；所以，我既然无恩于你，你便无须报答我。反而，我要感谢你，因为有你的参与，我的生命才更完整。我只是碰巧成为你的父亲，你只是碰巧成为我的儿子，我并不是你的前传，你也不是我的续篇。你是独立的个体，是与我不同的灵魂；你并不因我而来，你是因对生命的渴望而来。你是自由的，我是爱你的；但我绝不会‘以爱之名’，去掌控你的人生。”

如果亲情只是一种以爱为名的强制，那么，家庭也就不再是可以停泊的港湾。

平等沟通：学会倾听孩子的声音

庄子和惠子之间曾有一段十分有趣的对话。两人走在水边，庄子说："你看这些鱼，自由自在地游来游去，多么快乐啊！"

惠子是个"杠精"，立刻反驳说："你又不是鱼，怎么知道鱼很快乐？"

庄子也不甘示弱，反问道："你又不是我，怎么知道我不知道鱼快不快乐？"

惠子也马上想到了"突破口"："对呀，我不是你，所以不知道，你不是鱼，所以也不懂鱼，这不是一样的道理吗？"

庄子又说："我们回到最初的问题，你说'你怎么知道鱼很快乐'，说明你很清楚我知道，所以才问我从哪里知道的，不是吗？"

哲学家说话就喜欢绕来绕去，但里面的道理其实很简单，就比如，我们又不是孩子，怎么知道他们需要什么呢？

其实，大多数时候，孩子的世界要比成人简单得多，也实际得多。很多家长认为自己是为孩子好，把一切自己认为好的一股脑都给孩子，却不知道孩子真正想要的是什么。

《小王子》开头就讲了一个这样的故事。6岁的小主人公画了一幅蟒蛇吞掉大象的画。他兴高采烈地拿给大人看，大人却说："帽子有什么好怕的？""我画的是正在消化大象的蟒蛇。然后我把蟒蛇的内部画出来，这样大人就可以看懂。他们总是需要解释。"

可是，他把作品拿给大人之后，大人又建议他："最好别再画大蟒蛇，不管是肚皮敞开的还是肚皮闭上的，你应该专心学习地理、历史、数学和语文。"于是，主人公就放弃了自己成为画家的梦想。

前两年有则新闻，夫妻俩都是博士，对女儿的学业要求非常高。女儿学业压力很大，也非常努力，却始终达不到父母的要求，于是产生了轻生的念头，在一天晚上服了大量药物。好在发现及时抢救了过来，否则后果不堪设想。

很多时候，父母认为好的，未必就是好的，如果父母认知程度较低，却一味地要给孩子规划人生，这对孩子来说就是灾难。

我有个朋友，家里有个上二年级的孩子，其对孩子要求非常严格。从两岁开始就给孩子报各种培训班，舞蹈、绘画、书法、游泳、英语、搏击……凡是市面上见过的，他家孩子全都去过。上小学之后，他又开始让孩子大量刷题，中午放学回家做一份语文试卷，晚上还有一份数学试卷，周末也不得空闲。第一次见这孩子的时候，感觉特别机灵，眼珠子滴溜溜地转，后来再见时，发现孩子整个人都变得木讷了。

其实，我很能理解他的心情。“父母之爱子，则为之计深远”，父母们“鸡娃”，是内心的焦虑作祟，怕孩子输在起跑线上，长大后过苦日子。于是，便让他们小时候苦一点，长大后轻松一点。为人父母，有这样的想法再正常不过了。可是，让孩子从小就面对这样繁重的学习任务,难道就不怕他们厌学，最后适得其反吗?

一个家庭内部，其实就像一个小国家一样。父母订立一个标准，孩子严格执行，不执行就要受到惩罚，这是专制。父母的角色就像专制王国的“暴君”一样，小时候压制得越狠，孩子长大后反抗得也就越激烈。从某种程度上来说，强制孩子屈服，本质上就是缺乏耐心。

相反，在一个“民主家庭”里，父母从小就尊重孩子的意愿，建立起良好的沟通机制，听取孩子的意见，通过商量的方式来解决问题，那么孩子慢慢长大，尤其是到青春期时，问题也就不会有那么多了。

孩子为什么会说“不”呢?这背后其实有很复杂的心理和生理机制。心理学研究表明，儿童在成长过程中会经历多个叛逆期，每个叛逆期都有其独特的原因和表现形式。以下是儿童成长过程中常见的叛逆期及其原因。

第一个叛逆期：2 ~ 3 岁

原因

自主性发展：在这个阶段，儿童开始发展自我意识和自主性，他们希望通过探索和试验来了解自己和周围的世界。

语言能力提升：语言能力的提升使他们能够更清楚地表达自己的需求和愿望。

控制欲望增强：儿童开始对自己的生活环境有更强的控制欲望，希望能够独立做决定。

表现

频繁说“不”。

对规则和指示表现出抵抗。

固执己见，坚持自己的想法。

第二个叛逆期：7 ~ 9 岁

原因

认知发展：儿童的认知能力进一步发展，他们开始质疑规则和权威，希望理解规则背后的原因。

社会影响：开始受到同龄人和社会文化的影响，渴望与同龄人一致，产生对父母和教师权威的抵触情绪。

独立意识增强：他们希望在学业和生活中表现出更多的独立性。

表现

质疑父母和教师的决定和命令。

渴望更多的独立性和隐私。

对规矩和规范表现出更多的挑战性行为。

第三个叛逆期：青春期（12 ~ 18 岁）

原因

生理变化：青春期的生理变化（如激素变化）会导致情绪波动和行为变化。

自我认同：青少年开始探索自我认同，渴望独立和自我表达。

社会压力：面临学业、社会关系和未来规划等多重压力，导致对权威的反抗。

同伴影响：同伴的影响力增强，青少年希望在同龄人中找到归属感和认同感。

表现

频繁与父母争吵，对父母的建议和指示表现出明显的抵触。

追求个人独立性和隐私，不愿意分享内心想法。

在某些情况下可能会表现出冒险和不计后果的行为。

儿童叛逆期示意图

	原因	表现
2 ~ 3 岁	自主性发展、语言能力提升、控制欲望增加	频繁说“不”、对规则和指示表现出抵抗、固执己见
7 ~ 9 岁	认知发展、社会影响、独立意识增强	质疑权威、渴望独立性和隐私、挑战规矩和规范
12 ~ 18 岁	生理变化、自我认同、社会压力、同伴影响	争吵和抵触、追求独立性和隐私、冒险行为

儿童的叛逆期是他们成长过程中正常的发展阶段，是自主性、自我意识和认同感发展的结果。简单来说，就是孩子们有自己的想法，想要用自己的方式来探索世界，处理自己和外部世界的关系。这个过程如果被父母以命令的方式强制打断，就会引发所谓的“叛逆”和冲突，冲突的强度也会随着孩子的长大而逐渐提升，在青春期达到顶峰。

那么，怎么才能和孩子建立起良好的沟通机制，成为好朋友呢？首先要从思想上认识到，孩子也拥有独立人格，也需要被尊重。

我总结了一个原则：把孩子当孩子，也要把孩子当大人。

就像胡适说的，孩子生下来并不欠我们什么，而是“血缘使然的生物本能”。从根本上说，父母和孩子都是独立的人，拥有独立人格，对于事物有自己独特的见解和看法，是平等而非命令的关系。这是“把孩子当大人”。

另外，儿童的世界观和价值观还没有形成，缺乏自我保护能力，在触及一些原则性问题，如随意拿别人的东西时，父母要及时制止，把这些原则性观念教给孩子，引导他们成为一个真正的“文明人”。在孩子遭遇欺凌时，父母也要主动站出来，成为孩子最坚定的后盾。这是“把孩子当孩子”。

我总结了一些具体的、非常实际的方法，分享给大家。

建立开放的沟通渠道

鼓励孩子表达自己的想法和感受，让他们知道父母随时愿意倾听。避免在孩子表达时打断或批评，而是耐心倾听，表现出对他们的关心和理解。

制订家庭规则并共同遵守

与孩子一起制订家庭规则，让他们参与其中，增强他们的责任感和参与感。在执行规则时，父母也要以身作则，公平公正地对待每个家庭成员。

积极反馈与正向强化

在孩子表现出良好的行为时，给予积极的反馈和鼓励，帮助他们建立自信和自尊。对于不当行为，及时纠正并解释原因，而不是简单的责骂和惩罚。

共同参与活动

多和孩子一起参加活动，如游戏、运动、阅读等，增进亲子之间的感情。在共同活动中了解孩子的兴趣和喜好，进一步加强沟通和理解。

给予孩子选择权和自主权

在日常生活中，给予孩子一定的选择权和自主权，让他们学会做决定和承担责任。例如，可以让孩子选择自己的衣物、课外活动等，帮助他们培养独立性和决策能力。

尊重孩子的选择：如何放手让他们自主成长

心理学家B.F.斯金纳（B.F. Skinner）提出过著名的操作条件反射理论（Operant Conditioning Theory）。该理论认为，行为的发生和持续与其后果直接相关。根据这个理论，行为可以通过强化来增加或通过惩罚来减少。强化分为正强化（Positive Reinforcement）和负强化（Negative Reinforcement），惩罚分为正惩罚（Positive Punishment）和负惩罚（Negative Punishment）。

正强化

通过给予积极的刺激来增加行为的发生频率。例如，当一个孩子在学校表现良好时，教师给予表扬和奖励，这会增加孩子以后继续表现良好的可能性。持续的正强化可以培养孩子的自信心、自尊心和积极的自我认同感。受到正强化的孩子更容易发展出乐观、积极和自我激励的性格特质。

负强化

通过移除一个不愉快的刺激来增加行为的发生频率。例如，一个学生发现完成作业可以避免老师的批评，因此他会更愿意完成作业。负强化可以帮助孩子学会避免不良后果，从而更好地遵守规则和标准。然而，如果过度依赖负强化，可能会导致孩子的行为更多基于对惩罚的恐惧，而不是出于自愿和内在动机。

正惩罚

通过给予一个不愉快的刺激来减少行为的发生频率。例如，当孩子做错事时，给予斥责或体罚，以减少此类行为的发生。过度的正惩罚可能导致孩子产生恐惧、焦虑和反抗心理，甚至发展出消极、自卑的性格特质。

负惩罚

通过移除一个愉快的刺激来减少行为的发生频率。例如，当孩子不听话时，取消他的电视观看时间。适度的负惩罚可以帮助孩子认识到行为和后果之间的关系，从而学会自我控制和自律。但是，如果使用不当，可能导致孩子感到权力被剥夺，从而产生反感和逆反心理。

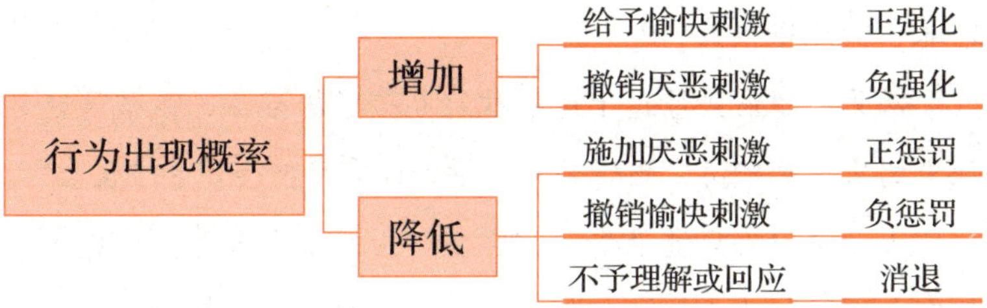

我们来分析一下这种机制是怎么起作用的。孩子学不会骑自行车，认为自己是失败的，家长也没有坚持，这件事最后不了了之，孩子就会在心里告诉自己，我果然是失败的。之后再碰到类似的事情，他便会在第一时间告诉自己：我做不到。久而久之，就会养成习惯。

如果一个孩子遇到困难之后首先想到的是逃避，家长也跟着一起逃避，那么，他就会养成逃避问题的习惯。而这样的行为一旦形成习惯，孩子就会在面对所有难题时形成条件反射。

负强化：逃避行为会暂时减少孩子的焦虑和不适，这种负强化会增加逃避行为的频率。

模仿学习：孩子会观察并模仿父母的行为。如果父母在面对问题时选择逃避，孩子就会学会这种应对方式。

孩子的能力并没有我们想象得那么差，一定要对他们有信心，在必要的时候学会放手。当然，前提是做好防护，不要让他们受伤。

孩子的信心和独立，不正是在这些琐碎的生活小事中慢慢培养和锻炼出来的吗？

相反，如果父母过于保护和包办孩子的生活，使孩子缺乏独立的机会和能力，孩子长大之后，极有可能会成为“巨婴”。

从心理学的角度来说，“巨婴”指的是在身体上已成年，但在心理和行为上却仍然像婴儿一样依赖他人、缺乏自立能力和责任感的成年人。“巨婴”有 4 个特质。

1. 依赖性

情感依赖：巨婴通常依赖他人的情感支持，无法独立应对生活中的情感挑战。

物质依赖：在生活中依赖父母或伴侣提供物质支持，缺乏独立生活的能力。

2. 缺乏责任感

逃避责任：不愿承担工作或生活中的责任，遇到问题时倾向于推卸责任或寻找借口。

无法自律：缺乏自我管理和自我控制的能力，在工作和生活中表现出懒惰和散漫。

3. 情感脆弱

低挫折耐受力：面对挫折或挑战时，容易感到沮丧、焦虑或愤怒，无法冷静处理问题。

情绪不稳定：情绪波动大，容易因小事而情绪失控或情绪低落。

4. 社交问题

自我中心：巨婴往往以自我为中心，缺乏同理心，难以理解和尊重他人的感受和需求。

人际关系不良：由于依赖性和情绪不稳定，巨婴在处理人际关系时常常出现冲突和问题。

如果你接触过“巨婴”就会发现，他们简直就像“行走的麻烦制造机”，无论走到哪都会引发矛盾和冲突。比如，前两年有个女子为了等待被拦在检票口的丈夫，用身体挡住高铁门，任由乘警软磨硬拽，始终不肯松手。类似的还有那位因为辱骂护士而被抓的网红。这都是典型的“巨婴”。

尊重与相信孩子，本就是一体两面的关系。我们再进一步，从心理学角度继续分析这一问题。心理学家理查德·瑞安（Richard Ryan）与爱德华·德西（Edward Deci）提出自我决定理论（Self-Determination Theory, SDT），从心理学角度系统论述了为什么人需要独立性。

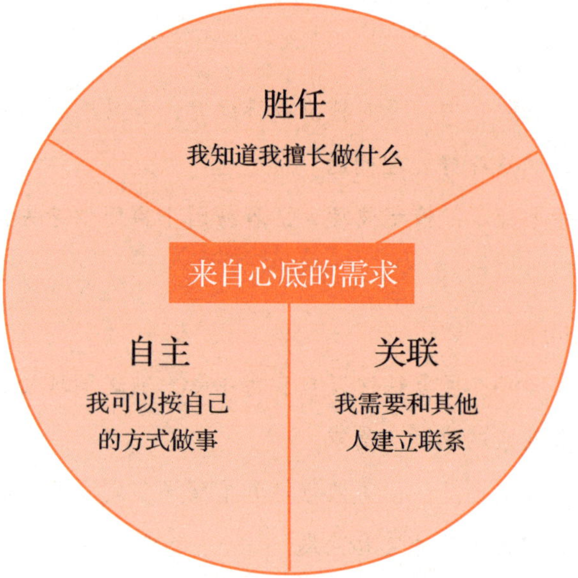

SDT 强调人的行为受到内在动机和外在动机的影响，核心在于满足 3 种基本心理需求：自主性、胜任感和联结感。

◇ 自主性（Autonomy）：个体体验到自己的行为是由自己选择和控制的，而不是外界强迫的。自主性让人感到自己是行为的主人，从而增强内在动机。

◇ 胜任感（Competence）：个体感到自己能够有效地完成任务和应对挑战。这种感觉使人们愿意尝试新事物和不断进步，从而提升内在动机。

◇ 联结感（Relatedness）：个体感到与他人建立了积极和有意义的关系。联结感满足了人类社交的需求，使人们在群体中找到归属感和安全感。

SDT 将动机分为内在动机和外在动机，并进一步细化为以下几种类型：

◇ 内在动机（Intrinsic Motivation）：指个体因为活动本身的兴趣和乐趣而参与其中，而不是为了得到外部奖励。内在动机通常与高水平的自主性、胜任感和联结感相关。

◇ 外在动机（Extrinsic Motivation）：指个体因为外部奖励或惩罚而参与某种活动。

外在动机可以进一步分为以下几种类型：

★ 外部调节（External Regulation）：行为完全由外部奖励或惩罚驱动，缺乏自主性。

★ 内摄调节（Introjected Regulation）：行为部分由外部压力驱动，个体开始内化外部的标准和期望，但仍缺乏自主性。

★ 认同调节（Identified Regulation）：行为被个体认为是重要的，尽管最初是由外部因素引发，个体逐渐内化了这些行为的价值。

★ 整合调节（Integrated Regulation）：行为完全内化，并与个体的价值观和自我概念一致，接近内在动机。

SDT 理论中，环境对人际关系具有支持或阻碍基本心理需求满足的重要作用。

◇ 自主性支持（Autonomy Support）：指鼓励个体的自主选择，尊重个体的观点和感受，提供适当的反馈和指导。

◇ 控制性（Controlling）：指施加压力和控制，强迫个体按照外部标准行事，忽视个体的感受和选择。

我们用 SDT 理论来解释一下“巨婴”形成的机制就会发现其中的问题。

自主性缺失

过度控制的环境：如果一个人在成长过程中，父母或照顾者对其行为进行过度控制，剥夺了其自主选择的权利，就会导致个体缺乏自主性的发展。例如，父母过度干涉孩子的生活决策，不允许孩子尝试和犯错，导致孩子长大后在面临决策时感到无所适从，依赖他人的指导和决定。

缺乏自主选择的机会：当个体从小没有机会自己做决定或

选择，就无法培养自主性。他们习惯于被动接受安排，成年后依然依赖他人，缺乏独立解决问题的能力。

胜任感缺失

缺乏挑战和锻炼：如果在成长过程中，个体没有机会面对适度的挑战和挫折，就无法培养应对困难的能力和信心。例如，父母过度保护孩子，不让他们尝试有难度的任务，导致孩子缺乏成功的经验和自信，成年后面对挑战时容易逃避和退缩。

缺乏鼓励和认可：如果个体在成长过程中缺乏正向的反馈和认可，会影响其胜任感的发展。他们会感到自己无法胜任任务，缺乏尝试新事物的动力。

你发现了吗？家长由于不信任而导致对孩子过度保护，导致缺乏其自主性和胜任感，成年之后成为“巨婴”，出现人格和性格缺陷。

所以，如果我们真的爱孩子，最好的办法就是学会放手，相信他们的能力，把自己作为后盾，让孩子们去尝试失败，在失败中吸取教训，然后重新站起来，用更加坚韧的姿态去面对未来，“千磨万击还坚劲，任尔东西南北风”。

我想，相比于知识和财富，这才是孩子更加需要的品质。因为谁也保证不了，自己的人生能够一帆风顺。给孩子铺再宽的路，筑再高的桥，建再好的亭台楼阁也保证不了。毕竟，“旧时王谢堂前燕”，也会“飞入寻常百姓家”。

温柔的力量：脆弱的大男子主义

中国古代长期坚持“严父慈母”原则，《孝经》中就说过：“孝莫大于严父。”作为父亲，见到孩子就应该眉一皱，脸一拉，让孩子感到害怕，抱孩子都算不得君子（“君子抱孙不抱子”）。

苏东坡60多岁时，一天晚上由于噩梦忽然惊醒，发现自己吓得满身冷汗，于是起床作了一首诗：

夜梦（节选）

夜梦嬉游童子如，父师检责惊走书。
计功当毕春秋余，今乃初及桓庄初。
怛然悸悟心不舒，起坐有如挂钩鱼。
我生纷纷婴百缘，气固多习独此偏。

这首诗大意是说，苏大学士梦到自己小时候贪玩，功课还没有做完就和小伙伴一起玩耍。父亲忽然来检查作业，按照进度，他应该已经读完《春秋》了，可实际上才读到桓公初期，还差一大截。被吓醒之后，感觉心中忐忑不安，如同钩上的鱼儿一样。

你看，大学士都60多岁了，做梦还会被父亲吓醒，可见苏洵给他留下的“童年阴影”有多严重。可苏洵算是个合格的父亲吗？我认为不算。他年轻时不养家，四处晃悠，对待妻子十分冷漠，甚至厌恶。程夫人又当爹又当妈，不仅要赚钱养家，还要教育孩子，操持家务，赚钱给丈夫花，为了顾及丈夫的颜面，连嫁妆都悄悄变卖了。后来“三苏”名动京师，程夫人却因为操劳过度早早离开了人世，“三苏”回家时，只能“哭不见人”了。

司马光在给程夫人写的墓志铭中称赞她：“贫不以污其夫之名，富不以为其子之累，知力学可以显其门，而直道可以荣于世。勉夫教子，底于光大。寿不充德，福宜施于后嗣。”

程夫人悲苦一生，操劳一生，以至于英年早逝，是封建制度下的典型“贤妻良母”，可作为一个人，尤其是作为一个女人，她的命运是极其不幸的，这也是所谓的“大男子主义”存在的意义。

让我们回到最初的话题：为什么穿粉色衣服、翘兰花指、坐着小便会被认为是破坏男子气概的事呢？根据建构主义的说法，我们的身份不是自然的，而是由社会制度和文化共同建构出来的。

简单来说，就是社会制度规定了什么是男性能做的，什么是男性不能做的，这些规范通过将身体符号化，把人划分为两个相互对立的群体，对于“跨界”的人实施惩罚（比如嘲笑、羞辱，甚至动用私刑法），以维持性别权力结构。最终，这种规范被所有人内化为自己的道德规范。粉色衣服、翘兰花指和坐着小便都是“跨界”行为，因此必须受到“审判”。这就是所谓“男子气概”形成的底层机制。

在这里我们要问：这种机制是合理的、公平的吗？它是符合人性的吗？当然不是。所以要成为一个合格的爸爸，我们首先要从传统的性别叙事中跳出来，放下所谓的对于“男子气概”的刻板印象，接受和尊重每个家庭成员的独特性和个体价值，这是建立健康家庭关系的关键。温柔和爱的表达方式并不会削弱或者破坏男性角色的本质，反而可以丰富和强化家庭中每个人的情感联系和社会互动。

温柔并不是软弱或缺乏力量，相反，它可以是一种非常坚定和有力的表达方式，是一种更高级的对于自身情绪的克制能力与管理能力。

我们还有一句广为人知的谚语：“天下无不是之父母。”也就是说，父母永远是对的，就算是错的也是对的，孩子永远是错的，就算是对的也是错的。为了强化这种观念，古人还编出了离谱的舜帝故事。大意是说，舜的母亲死后，他老爹续娶了瞽叟，又生了一个儿子象，这几个人就密谋着要杀了舜。舜修补谷仓时，他们就把谷仓点着；舜挖井时，他们就从上面填土。即使如此，舜对于老爹和继母仍然十分孝顺，最后感动了上天。

孔子说："以德报怨，何以报德？"我个人认为，舜这种行为，不叫孝顺，叫纵容犯罪。应该"报警"把这几个人以谋杀未遂的罪名抓起来。

事实上，"天下无不是之父母"本身就是一个天大的悖论，如果真是这样，那岂不是满大街都是圣人了？有些爸爸认为，自己就算做错了也不能给孩子道歉，这样会影响自己的权威。殊不知，你硬着头皮不肯认错的样子，才是真正影响权威的行为。

所以在犯错之后主动向孩子承认错误、道歉，保证以后不会再犯，这不仅是温柔的体现，也是一种有担当的表现。

做个讲道理的父亲：不发火，也能有威严

我见过很多暴躁、歇斯底里的家长，印象最深的是一位妈妈。那天我在街上闲逛，忽然听到“啪”的一声，扭头看时，只见一个孩子捂着脸，惊慌失措地看着妈妈，地上是一个倒扣着的一次性纸碗，麻酱混着汤汁从碗中淌出，流了一地。可以想象，接下来孩子面临的就是一顿狂风暴雨般的痛骂。

这位妈妈指着孩子的鼻子，从掉落的麻辣烫说到马虎大意，从马虎大意说到学习成绩，再从学习成绩说到孩子的日常表现，整个过程持续了将近半个小时，引来无数人围观。一位大爷看不下去，上去劝了两句，没想到她更来劲了，指着孩子开始对围观人数落孩子的不是，声音越来越大、越来越响，孩子全程一言不发，低着头，捂着脸。我不知道他当时在想什么，但代入一下他的处境，我只能感到绝望。

我以这位妈妈为例，是因为我的经验所限，相比于她，我见过更多暴躁的爸爸，而我的父亲就是其中之一。我和妹妹都是“留守儿童”，父母在北京，由于收入有限，即使最便宜的

绿皮火车，对我们来说也是一种负担。我在大约五年级时，一个人带着妹妹兴高采烈地去了北京。

一开始，一切都按照我的想象发展，每天都有吃不完的零食，逛不完的超市，直到有一天晚上，我们和母亲坐在一起吃饭，大家有说有笑，正说得高兴时，父亲突然一推门闯了进来，皱着眉头，瞪着眼睛，把一个空瓶子摔在饭桌上，指着我们骂了几句，又摔门走了。我们都丈二和尚摸不着头脑。可能因为他那天心情不好吧，我想。

我想说的是，在很多父亲眼中，自己在家里就是“天王”，可以对其他家庭成员任意发火。互联网上有一句流行语：孩子不听话，多半是欠打了，打一顿就好了。这句话虽然有一定的玩笑成分，但背后却是一种长期存在的不合理现象：只有打骂才能够管教好孩子。

我承认，打骂（发火）确实是效率最高的方式，可它所带来的危害却是难以弥补的，需要孩子用一生去承受这种后果。孩子与父母是最典型的依恋关系，著名心理学家约翰·鲍比（John Bowlby）的依恋理论就着重解释了儿童在早期与主要照顾者之间的情感纽带对其后续发展和行为的影响。该依恋理论认为，儿童与照顾者之间的依恋关系对其安全感、自尊心，以及未来人际关系的质量都有着深远的影响。

依恋类型

依恋理论主要将依恋关系分为以下几种类型：

◇ 安全型依恋（Secure Attachment）：儿童感受到照顾者的可靠性和一致性，因此在与照顾者分离时表现出短暂的不安，但能够迅速恢复，并继续探索环境。这样的儿童在成年后通常表现出较高的自尊心，可以建立良好的人际关系。

◇ 焦虑型依恋（Anxious Attachment）：儿童对照顾者的反应存在不确定性，因此表现出过度的依赖和对分离的强烈不安。这种儿童可能在成年后表现出对人际关系的高度依赖和不安全感。

◇ 回避型依恋（Avoidant Attachment）：儿童在照顾者反复冷漠或拒绝时，学会抑制自己的情感需求，不再寻求照顾者的安慰和支持。这种儿童在成年后可能表现出情感疏离和难以建立亲密关系。比如，在提出某种要求后被父母粗暴拒绝，或者在出现问题时被父母通过暴力解决。

◇ 紊乱型依恋（Disorganized Attachment）：这种依恋类型儿童通常经历过创伤性事件或成长在受虐的环境中，表现为依恋行为的混乱和矛盾。这样的儿童在成年后可能会表现出情绪不稳定和行为问题。

依恋关系的形成过程

◇ 关注与回应（Attunement and Responsiveness）：照顾

者通过关注和回应儿童的需求和情感，建立起信任和安全感。儿童在这种环境中学会了依赖照顾者，并将其作为情感上的安全基地。

◇ 探索与分离（Exploration and Separation）：在安全依恋关系中，儿童能够在照顾者的鼓励下，自信地探索环境，并在遇到困难时回到照顾者身边寻求安慰和支持。这种平衡的探索与分离促进了儿童的独立性和自信心的发展。

◇ 情感调节（Emotional Regulation）：通过与照顾者的互动，儿童学会了如何调节自己的情感反应，并在情感困境中寻求支持。这种情感调节能力对个体成年后处理压力和应对挑战具有重要作用。

在压抑家庭环境中，儿童难以获得情感上的安全感，表现出高度的焦虑和不安。这种缺乏安全感的状态会影响儿童的自尊心和自信心，使他们在面对挑战时更加脆弱。等孩子长大之后，这种关系还会导致他们难以建立和维持健康的人际关系，表现出对亲密关系的过度依赖或情感疏离，难以找到情感上的平衡点，不知道如何调节自己的情感反应。这种情感调节能力的缺乏在成年后可能表现为情绪不稳定和难以应对压力。

我们成年之后的大部分人格问题和性格问题，都能追根溯源，在童年找到原因。所以，和孩子建立良好的沟通机制十分重要。关于这一点，我自己总结了一套比较实用的方法论，分享给大家。

要分清批判、批评、辱骂、威胁、吼和严肃的区别，从范畴上解决问题。

面对错综复杂的自然世界和人类世界，范畴是人类认知飞跃的第一步，简单来说，就是把相似的事物或概念归类到一起的认知方式。它们帮助我们组织和理解复杂的信息，使我们能够快速识别、理解和处理环境中的对象和情境。

对于相同范畴的事物，我们可以采取统一的应对方式，最终形成一种行为模式，这在认知心理学中被称为心智模型。

批判：批判是一种思维方式，通过独立思考、理性分析和谨慎求证的方式，对事物或观点进行深入分析和评价，目的是发现问题、提出改进的建议。

例如，这次考试错了几道题，我们去分析出错的原因，看是知识没有掌握，还是卷面不够整洁，或是粗心大意。找到问题之后进行改正，这是批判。

批评：批评是对某人或某事物的行为、观点或表现进行评价和指出不足之处，目的是帮助对方改正错误。

例如，一道题做错了，我们给它打上“X”，抄在错题本上按时复习，避免以后出现同样的错误。再比如，我们吃饭时把米粒撒得满桌子都是，爸爸妈妈对这种行为提出意见，这也是批评。批评是针对具体行为或者事情。

辱骂：辱骂是使用粗暴、侮辱性的语言或行为来攻击、羞辱他人，通常不涉及理性分析或建设性意图。

例如，孩子做错事之后，父母对孩子进行人身攻击，骂孩子“像猪一样”“像垃圾一样”，这些都是人格侮辱，属于辱骂。

辱骂常常涉及对个人的攻击和侮辱，这会直接打击孩子的自尊心和自信心。孩子可能会开始怀疑自己的价值和能力，甚至在心理上形成自我厌恶的情绪。被辱骂的孩子还可能会在与父母或他人的沟通中变得封闭，感到无法信任父母或他人，从而导致沟通困难和情感上的隔阂，进而通过攻击性或反抗性的行为来应对自己内心的痛苦和不安。

威胁：威胁是指对他人施加某种不利或不愉快后果以达到某种目的的言论或行为。

例如，孩子不按时睡觉，父母威胁孩子“再不睡觉就要如何如何”，这就是典型的威胁。威胁在短时间内可能会奏效，但长期用这种方式教育，会产生很多负面影响。

一方面，威胁常常是通过施加外在的惩罚来促使孩子改变行为，这种方式并没有培养孩子内在动机和自我控制能力。长期下去，孩子可能会习惯于依赖外在的约束，而不是理解为什么某种行为是重要的或正确的。另一方面，孩子可能会因为感到被威胁而产生反抗心理，他们可能会试图逃避惩罚或者通过其他方式来对抗父母的威胁。这种情况下，教育的效果会大打折扣，因为孩子没有真正内化行为的重要性。更重要的是，频繁使用威胁可能会损害亲子之间的信任和情感连接。孩子可能会感觉到被父母控制而失去自主权，导致与父母的关系变得剑拔弩张。

吼：吼是指大声喊叫或者强调自己观点的方式，常常带有情绪化的成分，缺乏理性分析或详细的论证。本质是想用情绪化的方式来迫使孩子屈服，常伴有辱骂。

例如，孩子不好好做作业，父母常常会通过吼叫的方式让孩子立刻执行命令。

吼叫是典型的愤怒表现，我们来看一下愤怒时的微表情。

在愤怒时，我们脸上的微表情包括：

★ 眉毛会微微皱起或者向下压。

★ 眼睛睁大，眼神变得锐利。

★ 嘴用力张大，露出牙齿。

★ 鼻孔扩张。

发现了吗？愤怒其实是面对威胁时的一种进攻本能，这种反应来源于上万年前我们先祖面对野兽或其他威胁时的反应机制。眼睛睁大是为了观察对手的一举一动；鼻孔扩张是为了方便吸入更多的氧气，准备战斗或逃跑；嘴巴张大，是为了露出武器（牙齿）。同时，我们的身体还会出现一系列反应，包括但不限于血压升高、血液流通速度加快、肌肉紧绷、肾上腺素

飙升等，这就是生物学中所说的Fight-or-Flight Response（战斗或逃跑反应）。

长时间处于这种反应中，会给身体带来一系列严重危害，比如，很多人在吼完孩子之后会发现自己胸闷气短，这就是战斗或逃跑反应的“后遗症”。

当人们在情绪激动或愤怒时吼叫，常常会伴随一系列身体反应。这些身体反应主要源于情绪激动时的生理变化：

★ 吼叫会加快呼吸，导致浅表呼吸或者感到呼吸不畅，从而产生胸闷感。

★ 情绪激动会引发身体的肌肉紧张，特别是颈部和肩部的肌肉。这种肌肉紧张限制了呼吸肌肉的正常活动，进一步加重了呼吸困难和胸部不适的感觉。

★ 情绪激动时体内的应激激素如肾上腺素和皮质醇会增加。这些激素会使心率加快、血压升高，增加心脏负担，导致心悸和胸闷。

★ 吼叫后常常伴随着焦虑和紧张情绪，这些情绪也会加重呼吸困难和胸部的不适感。

因此，不管是孩子还是父母，吼叫无论对于谁来说都是一种“下下策”。它的底层逻辑是把孩子当成威胁，至于威胁了什么，大多数情况下都是家长的权威。此时，很多家长的第一反应就是通过“进攻”来维护自己的权威，指着孩子说：“你还敢顶嘴！”但这种处理方式显然是欠妥的，只能暂时解决当下的问题，随着孩子年龄的增长，到时候不仅连问题都无法解决，还会引发冲突。

严肃：严肃是一种态度或行为，表现为认真对待问题或情况，不带情绪化或个人攻击的特点。严肃能够传达给孩子一种认真负责的态度，强化他们对于事件的认知。

例如，孩子抢了其他小朋友的玩具，这个时候就需要用严肃的态度，讲明这件事的严重后果。

什么是爸爸的威严呢？它不是通过吼叫和强制命令的方式，让孩子因为恐惧而选择服从，而是与孩子之间建立起一种尊重和权威的关系，让孩子感受到尊重、公正、信任和责任感，从内心深处觉得自己的爸爸是可以信赖的。

第三章

做个终身学习型的父亲：
我们要教给孩子的，到底是什么？

发现天赋：成长事半功倍

理解孩子，最重要的是知道他们能做什么，不能做什么，擅长做什么，不擅长做什么。

很多人相信命运，复旦大学教授王德峰曾有一句非常著名的论断："一个人到了40岁还不相信命，此人悟性太差。"认知心理学告诉我们，人是经验的总和，王德峰老师之所以会发出这样的感慨，与他的自身经历有很密切的关系。

王德峰中学毕业后到工厂做了3年半的工人。1978年高考恢复之后，他在准备很不充分的情况下报名考试，本来没抱什么希望，结果进了考场一看试卷，都是他会的。他第一志愿填的是复旦大学，第二志愿是华东师范大学，第三志愿是上海外国语学院，第四志愿是上海师范学院。最后万万没想到的是，他直接被复旦大学录取了。王德峰自己都难以置信，想要问一句"凭什么"。

郭德纲说，世界上有两种人，一种是老天爷赏饭吃，生下来就会；另一种是祖师爷赏饭吃，靠勤能补拙也可以混得风生水起。王德峰对于哲学，大概就属于前者。

对于这一点，我自己也有很深的感悟。我上学时成绩很一般，数学经常不及格，英语也常年在及格线上徘徊。可是我的历史却出奇的好，从来没有低于 90 分。我也努力想要把数学补上，但一看见那些公式，脑子立刻就是一团糨糊，直接"宕机"。相信你一定也有类似的经历，做某些事感到非常简单，甚至能无师自通。但做另外一些事情时，就会感到非常吃力，无论怎么努力都找不到方向。其实，这就是所谓的天赋。

1983 年，美国心理学家霍华德·加德纳（Howard Gardner）提出了多元智能理论，挑战了传统上对智能的单一定义和测量。他认为智能不是一个统一的、单一的能力，而是由多种独立的智能组成，每种智能都可以在不同的程度上发展，并在个体的生活和工作中发挥作用。

多元智能理论中提出的主要智能类型包括以下几个方面。

◇ 语言智能（Verbal–Linguistic Intelligence）：指的是语言表达和理解能力。这种智能使个体善于使用语言来表达想法、思维和情感，包括书面语言和口头语言的运用。

◇ 逻辑数学智能（Logical–Mathematical Intelligence）：涉及逻辑推理、数学计算和问题解决的能力。这种智能使个体擅长分析问题、进行推理和进行数学运算。

◇ 音乐智能（Musical Intelligence）：指的是对音乐的敏

感度和理解能力。这种智能使个体能够感知音调、节奏、旋律，并能创作、表演或欣赏音乐。

◇ 空间智能（Spatial Intelligence）：涉及对空间和视觉世界的理解和操作能力。这种智能使个体能够感知和利用空间，包括图像化思维、艺术创作和导航能力。

◇ 身体动觉智能（Bodily-Kinesthetic Intelligence）：指的是身体运动和操作技能的能力。这种智能使个体善于使用身体进行动作协调、体育运动、手工艺和表演艺术等活动。

◇ 人际关系智能（Interpersonal Intelligence）：涉及理解他人和有效地与他人交往的能力。这种智能使个体擅长感知他人的情感状态、理解他人的动机和需求，并能够有效地与他人合作和沟通。

◇ 内省智能（Intrapersonal Intelligence）：指的是理解自己内心的情感、动机和目标的能力。这种智能使个体能够自我反思、管理自己的情绪和行为，并有能力进行个人发展和成长。

◇ 自然观察智能（Naturalistic Intelligence）：涉及对自然和生物世界的理解和敏感度。这种智能使个体善于分辨、分类和理解自然界的现象，包括植物、动物和自然环境的互动。

加德纳认为，每个人都在这些智能中具有不同程度的天赋和潜力，而传统智商测试通常只能测量逻辑数学智能和语言智能，未能全面反映个体的多样化智能。因此，多元智能理论提出了一个更广泛的视角，提醒我们注意孩子们的个体差异，先了解他们在哪些方面更有天赋，再针对天赋进行专门训练，往往能够起到事半功倍的效果。

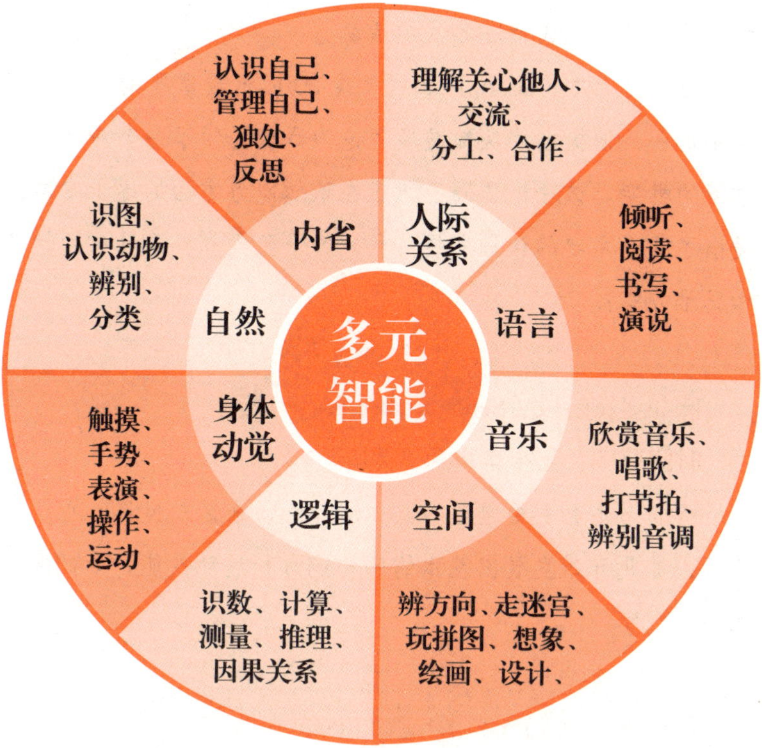

相反，如果孩子缺乏某方面的智能，家长再怎么焦虑，再怎么着急也没有用，这不是孩子不够努力，也不是他们不够认真，而是客观条件所限。明确这一点后，我们就能够站在孩子

的角度思考问题，理解他们。

另外，孩子的成长是一个漫长的过程。很多家长喜欢揠苗助长，让孩子超前学习知识，我能理解这种做法，但他们无疑忽略了一点，那就是孩子的智能发展需要一个过程，在每个成长阶段都只能完成特定的认知活动。

让·皮亚杰（Jean Piaget）是20世纪最重要的儿童心理学家之一，他提出的认知发展理论为我们提供了一个看待儿童学习的框架。该理论强调了儿童在认知能力方面的逐步发展，提出了4个主要的认知发展阶段，每个阶段都具有独有的特征和思维方式：

感知运算阶段（Sensorimotor Stage）

时间范围：出生至大约2岁。

特征：儿童主要通过感觉和运动活动来认知世界。在这个阶段，婴儿开始发展出基本的感知能力和运动技能，如抓握、触摸和观察。

前运算阶段（Preoperational Stage）

时间范围：2岁至7岁。

特征：这个阶段的儿童开始使用语言和符号来表达思想，并发展出想象力和符号性游戏。然而，他们的思维仍然是以自我为中心的，缺乏逻辑推理能力。

具体运算阶段（Concrete Operational Stage）

时间范围： 7岁至11岁。

特征： 在这个阶段，儿童开始展示具体的逻辑推理能力和操作思维能力。他们能够进行逻辑思考，理解数量和空间的概念，并能够解决实际的问题。

形式运算阶段（Formal Operational Stage）

时间范围： 11岁到16岁。

特征： 这个阶段的儿童具备抽象思维和推理能力，能够处理更复杂和抽象的概念，如道德、伦理和科学假设。他们能够进行系统性的推理和解决问题，不受现实世界的限制。

皮亚杰的理论强调了儿童在认知发展中的自主探索和建构知识的过程。他认为，每个阶段的发展都是后一个阶段发展的基础，且发展具有普遍性，但发展速度和方式可能因个体差异而有所不同。

举个最简单的例子，你让刚出生的婴儿学习“1+1=2”，无论付出多大的努力肯定都没有效果。相反，一个幼儿园大班的孩子，我们不用教，他也能理解“1+1=2”是什么意思。这就是认知的发展阶段不同，对于知识的理解能力和掌握能力也就不同。

皮亚杰认知发展理论

0 ~ 2 岁
感知运算阶段
只是触摸和观看，还不能推理

2 ~ 7 岁
前运算阶段
开始使用象征性符号思维，并进行简单的数数

7 ~ 11 岁
具体运算阶段
有能力进行一些逻辑思考，但他们的思维在某种程度上依然局限于具体情景

11 ~ 16 岁
形式运算阶段
个体的思维能力已发展到了成熟阶段，具备三大能力特征：假设演绎推理；命题推理；组合推理

所以孩子的成长是一件细水长流的事，我们作为爸爸，一是要了解孩子在智能方面的优势和短处，二是要了解孩子的不同认知阶段，耐心引导孩子、陪伴孩子、鼓励孩子，而不是对孩子进行错误归因，说他们不努力、不认真。

其实，想要和孩子融洽相处很容易，只需要掌握一个秘诀：想一想自己小时候是什么样子。

终身学习：树立观念是关键

前段时间看了一个访谈视频，主角是一位985毕业的妈妈，典型的高知人士。她说，自己的孩子学习不好，但是乒乓球打得很好，于是就送他去打乒乓球了，很有成效。未来准备让他先进省队，再看看能不能进国家队，未必非要考大学。

我非常赞同这位妈妈的观点。其实，很多家长焦虑的点都是怕孩子学习不好，考不上好大学，那样“一辈子就完了”。可事实却正好相反，现在“卷学习”的性价比已经非常低了。

2023年，中国大学毕业人数达到了1158万人，2024年，这个数字进一步增加到了1179万人。这么多大学生流向社会，就业率怎么样呢？

智联招聘发布的《2023大学生就业力调研报告》显示，2023届毕业生选择单位就业比例为57.6%，慢就业（“考研”“考公”等）比例为18.9%，自由职业的比例为13.2%，选择继续学习的比例为4.9%。

2024年，根据国家统计局的最新调查数据，5月的城镇调查失业率为5.0%，也就是说，每100个人中就有5个人找不到工作。

当下互联网上流传着一个段子：中年失业有三宝，外卖、保险、网约车；青年失业有三宝，摆摊、开店、自媒体。另外，还有“吉祥三宝”，保安、保洁、保姆。这些虽然都是段子，但背后却是残酷的社会现实：当下的机会已经越来越少了——这也是“考编热”“考公热”的底层逻辑。

前段时间认识一位在政府工作的人，他十分感慨地对我说：“往前倒个几年，谁能瞧得上编制，就连单位里的人也都辞职‘下海’，再看看现在，一个个都想尽办法往编制里靠，时代真是变了！”时代大抵确实是变了。

经济学上有一个边际效益递减原理，当增加某一因素（如劳动、投入等）的数量时，如果其他因素保持不变，其额外的边际产出或效益会逐渐减少。这个原理可以用来解释为什么随着学历的增加，其性价比逐渐降低的现象。简单来说，如果你很饿，第一块蛋糕可能会让你觉得非常满足，这时候吃第二块蛋糕可能还会带来不错的享受。但是，当你已经吃了第一块蛋糕后，第二块蛋糕的边际效应就不那么强了。它可能不会给你带来那么多额外的满足感，甚至还有可能会让你感到有些过饱或不舒服。

我们用这个效应分析一下教育就会发现问题所在。

初期教育的边际效应较高

在个体教育的早期阶段，如小学和初中，教育带来的知识和技能增长通常是显著的。这些基础教育阶段为学习更高级别的学科和技能奠定了坚实的基础，因此初级教育的边际效应较高。

进阶教育的边际效应递减

随着个体进入更高级别的教育阶段，如高中和大学，学习的内容变得更加专业化和深奥，但额外的学习时间和投入相比初级阶段带来的增益相对较少。这是因为学习的难度和复杂性增加,同时市场对于某些专业领域的需求也并不是无限增长的。

市场饱和和供需平衡

随着越来越多的人获得高等教育，市场上的供应量也相应增加。然而，需求并不一定会以同样的速度增长，尤其是对于某些专业和行业而言。这导致了学历过剩的情况，即使个体获得了更高级别的学历，也不一定能够在就业市场上找到相应的高薪工作。

教育成本与回报的比例问题

高等教育通常伴随着较高的学费和时间成本。随着学历的增加，教育投资的成本也相应增加，但对应的就业回报并不总是能够达到投资的成本。这种不成比例可能会导致个体感觉到学历的性价比不再那么高。

简单来说，就是学历没有过去那么“值钱”了，相应地，“卷学习”的性价比也越来越低。从表面上看，这当然是一件坏事。咱们中国人从隋唐时代科举制建立开始，就坚定地相信教育能够改变命运，也耳闻目睹过无数“朝为田舍郎，暮登天子堂”的成功案例，直到现在，仍然没有走出“学习改变命运”的固有认知，认为只要分数考得高，学校考得好，就一定能够过上好生活，甚至实现阶级跃迁。

过去，这种观念当然没有问题，你身边一定就有不少实实在在的案例。但现在，这种观念已经不再适用了。所以想要成为一名合格的爸爸，一定要明确学习到底是在学什么。换句话说，明白孩子需要学习的内容是什么。

近几十年，美国产生了一个新的学科，叫学习科学，通过把心理学、认知科学、神经学、生物学、计算机科学等学科综合起来，研究学习的过程和结果，虽然只有短短20多年时间，但已经产出了十分丰硕的成果。

在传统教育中，知识是关于世界的事实与解决问题的程序的集合，学习是一个接受陈述化、程序性知识的过程。教师是程序性知识的掌握者，学生是接收者。教师通过讲授和教材阅读来传递知识，学生主要通过听讲和记笔记来接收信息。教材和教学大纲通常以结构化和公式化的方式呈现知识，方便学生理解和记忆，通过练习和重复来巩固学习结果。最终，学校会通过考试来考查学生对知识的掌握情况。

可是这种教学模式有很大问题。一来，它忽略了学生的差异。咱们上面说过，孩子们的天赋不同，智能不同，并不是所有人都适合学习这些教材上的知识。二来，学生学到的知识都是“死记硬背”的，没有深入理解，在学习中也没有主动性，甚至还有很多孩子把学习当成家长和教师强加给自己的任务，态度消极，更不用说掌握之后的实际应用了。

尤其是现在的环境，知识更新速度这么快，学校学的知识，很大概率出了校门之后就会发现根本用不上。比如，我前几年跟朋友合伙开了一家传媒公司，招了一个应届毕业生，他上学学习的软件竟然是已经过时淘汰的。这是因为学校教材编写非常复杂，需要极其严格的审核过程，所以有很大的滞后性。那些哲学呀，文学等学科还好说，这种技术性极强的，根本跟不上时代变化。

这两年更“吓人”了，人工智能（AI）出现之后，知识的迭代速度更加惊人，AI 甚至已经“威胁”到了人类。2023 年，麦肯锡发布了一份《工作新未来》的报告，提出到 2030 年，全球会有近 10 亿人因为 AI 普及而失业。当时看的时候，你可能会以为是天方夜谭，可短短 1 年时间，再看看武汉街头的“萝卜快跑”和焦虑的网约车、出租车司机，无人外卖车、快递车，这种变化似乎已经近在眼前了。AI 就像悬在人类头顶的“达摩克利斯之剑”，掉下来只是时间问题。

我无意制造焦虑，只是想说明一个问题：卷学习已经没有性价比了。所以，作为爸爸，应该更加明确一个问题：面对日新月异的科技，孩子到底学习什么样的知识才不会被淘汰？

老实说，我也迷茫过，焦虑过很长一段时间，最后才想明白一个道理。你问我应该学哪些具体的专业或者学科，我也不知道。即使现在看上去炙手可热的技术，再过 10 年、20 年，说不定也要被淘汰。毕竟，往前倒个几年，谁敢相信房地产市场会变成这样呢？谁能保证不会发生“黑天鹅”事件呢？

说到这里，我想起一件事。上学时，全国的家长和老师似乎商量过一样，都告诉我们“只要考上大学就轻松了”。不知道你们信没信，反正我信了，真的玩了几年。这种说法最大的问题在于，学习好像就只是上学的任务，甚至只是上大学之前的任务。我们的学习生涯似乎是定量的，在那里就摆着一个水缸，只要给里面注满水就可以停下了。可殊不知，真正的学习是从踏入社会才开始的。

世界上唯一不变的就是变化，与其告诉孩子学什么，不如教他们该怎么学，养成良好的学习习惯，树立终身学习的理念，懂得如何快速掌握一门技术。毕竟，西蒙学习法告诉我们，只要在 6 个月内，每周 40 个小时高效学习，就能掌握任何一门学问。这当然有夸大的成分，但却提醒我们做家长的，最应该传授给孩子的，是终身学习的观念。这是最重要的，没有之一。

“形而上者谓之道，形而下者谓之器。”终身学习就是那个“道”，学习的方法就是那个“器”。接下来的内容，我会分享个人关于孩子学习的一点浅薄之见。

孩子缺乏注意力：太正常了

注意力这个事，它并没有那么简单。

我们先从脑科学的角度出发，探讨一下人的注意力是哪儿来的。

注意力是一个复杂的认知过程，我们的大脑就像一台计算机，处理各种信息时需要分配不同的资源。注意力的集中和分散，实际上是大脑在信息处理过程中对资源的调配。

注意力可以分为两种

自主注意力：是指我们主动选择关注某件事情的能力。这种注意力依赖于我们的兴趣和动机。如果孩子对某个任务感兴趣，他们会自然而然地集中注意力。

被动注意力：是指外部刺激引起的注意力分散。例如，周围的声音、光线变化等都会干扰孩子的注意力。这种被动注意力是大脑对环境变化的一种自然反应。

我们大脑中有一些特定的区域负责注意力的调控。

前额叶皮质（Prefrontal Cortex）

位置与功能：前额叶皮质位于大脑的前部，是负责计划、决策、冲动控制、注意力等高级认知功能的区域。

发育过程：前额叶皮质的发育是一个长期的过程，从儿童时期一直持续到成年早期，25岁左右才能完全成熟。这也是为什么儿童和青少年的注意力较容易受到干扰，因为他们的前额叶皮质尚未完全发育。

顶叶（Parietal Lobe）

位置与功能：顶叶位于大脑的中上部，负责感觉整合和空间注意力。

发育过程：顶叶在青少年时期也会继续发育，它的成熟对于专注于任务和忽略干扰至关重要。

海马体（Hippocampus）

位置与功能：海马体位于大脑的内侧颞叶，是学习和记忆的关键区域，也在情景记忆的形成中起重要作用。

发育过程：海马体在儿童时期发育较快，在青春期和成年早期会继续成熟。

扣带回（Cingulate Gyrus）

位置与功能：扣带回位于大脑的中间部分，连接前额叶皮质和边缘系统，参与情绪调节和注意力的维持。

发育过程：扣带回在青春期继续发育，成熟度与注意力调控能力相关。

前额叶皮质的发育对于注意力调控至关重要。在未完全发育时，孩子大脑处理信息的能力有限，容易受到外部干扰。因此，儿童在注意力方面表现出更多的波动性和不稳定性。

儿童前额叶皮质发育时间表

婴幼儿期（0～3岁）	前额叶皮质开始迅速发育，但功能尚不成熟
学龄前期（3～6岁）	前额叶皮质继续发育，孩子开始显示出更好的冲动控制和任务专注能力
学龄期（6～12岁）	这段时间是前额叶皮质发育的关键期，孩子的注意力和执行功能显著提高
青少年期（12～18岁）	前额叶皮质仍在发育，青少年的决策能力和注意力控制进一步增强
成年早期（18～25岁）	前额叶皮质的发育逐渐完成，成人的大脑在注意力和冲动控制方面达到成熟状态

孩子的注意力很大程度上取决于前额叶皮质的发育程度，由于青少年时期前额叶皮质量发育不够完善，所以孩子的注意力很容易受到干扰。这不是“专心”就能解决的问题，而是没

有办法改变的客观现实，家长无论怎么着急都没有用。

为什么前额叶皮质这么重要呢？因为它是意志力的主要来源。

从认知心理学的角度来说，意志力（willpower），也称自制力（self-control），是指个体在面对诱惑或困难时，抑制冲动并坚持实现目标的能力。它是自我调节的一种形式，帮助个体控制自身行为、情绪和注意力，以实现长远的目标。

意志力对于人类来说，简直太重要了，甚至可以说整个人类文明的大厦都是建立在意志力基础之上的。但是，意志力本身却是“反人性”的。

从进化的角度来看，人类的祖先在原始社会中的生存环境决定了他们更多地依赖于即时奖励而非延迟满足。面对不确定的未来，快速获得资源和避免危险是原始人类的生存策略。这种生存机制使得即时奖励在进化过程中成了人类行为的重要驱动力。当然，大部分动物也是这样。

可是随着人类逐渐拥有智慧，成为高度社会化动物，意志力的作用就显现出来了，而且变得越来越重要。在复杂的社会结构中，意志力使人类能够进行长期规划和目标设定，这在社交、繁衍和资源管理方面都具有重要意义。例如，建立和维护长期的社会关系、教育子女等。越接近现代文明，意志力的作用也就越突出。毕竟，科技成果可不是 1 年、2 年甚至 10 年、

20 年就能看到效果的。

虽然如此，由于我们身上的动物本能，我们还是会天然地讨厌消耗意志力的活动，因为意志力的运作需要消耗大量认知资源，而我们的认知资源是十分有限的。所以长时间使用意志力，就会出现意志力薄弱，这种现象在心理学中被称为“自我损耗”或“意志力耗竭”。

一般来说，长时间自我控制、情绪压力和心理负担过重、身体疲劳或睡眠不足、饥饿和营养不良等情况，都会导致意志力缺乏。仔细想一想，是不是每次饥饿时逛超市总会买很多用不到的东西？是不是每次熬夜看商品时总会冲动消费？是不是每次生病时总是对任何工作都提不起兴致？这其实都是缺乏意志力的结果。

了解了意志力的本质之后，我们就知道了，孩子们缺乏意志力，不是因为他们做事马虎，喜欢搞“小动作”，而是大脑发育还没有完善，专注程度与成人有天然差异。所以我们可以针对这个特点，为孩子们量身打造一套学习计划。

下面是我自己总结的一些实用性比较强的小方法，分享给各位好爸爸和好妈妈，希望可以达到抛砖引玉的效果。

设定明确且可实现的目标

小步推进：因为孩子的注意力容易分散，所以我们可以把大目标分解为小步骤,保证每个步骤都可以在较短时间内完成，避免因任务过于庞大而导致的挫败感。

阶段性奖励：完成每个小步骤后给予适当奖励，如小零食、休息时间或玩具，增强孩子内在动机。

创建稳定的学习环境

减少干扰：干扰是消耗注意力的主要“元凶”之一，因为每看到一次干扰源，孩子都要利用意志力来克服自己玩的冲动。所以在孩子的学习区域减少干扰源，如电视、手机、玩具等电子设备，营造安静的学习环境，可以减少意志力消耗。

固定时间和地点：每天在固定的时间和地点进行学习，建立规律，培养学习习惯。

定期休息

番茄工作法：采用番茄工作法（Pomodoro Technique），让孩子学习 25 分钟后休息 5 分钟，避免长时间学习带来的疲劳和注意力分散。

活动休息：休息时间进行简单的身体活动，如跳绳、跑步等，帮助大脑恢复。

多样化学习方式

互动学习：通过游戏、实验等互动方式进行学习，增加趣味性和参与感。

多感官刺激：利用视觉、听觉、触觉等多种感官进行学习，如看图画、听讲解、动手操作，提升记忆效果。

培养自律与责任感

参与计划制订：让孩子参与制订学习计划和目标，增强自主性和责任感。

每日总结：每天学习结束后，与孩子一起回顾当天的学习内容和成果，增强成就感和自信心。

保持积极的反馈与沟通

及时反馈：及时给予正面反馈，肯定孩子的努力和进步，增强内在动机。

鼓励沟通：与孩子保持良好的沟通，了解他们的感受和需求，调整学习计划和方法。

提供必要的支持与指导

辅导与陪伴：在学习过程中提供适当的辅导和陪伴，解答疑问，给予支持。

资源利用：提供丰富的学习资源，如书籍、在线课程、教育软件等，帮助孩子拓展知识面。

关注孩子的情绪与心理

情绪管理：教会孩子简单的情绪管理技巧，如深呼吸、放松训练等，帮助他们应对学习中的压力和挫折。

给孩子贴标签：一定要慎重

我有一段很有意思的经历。由于不知道自己的准确生日，也从没有怎么过过生日，所以我一度认为自己是白羊座，还从杂志的角落里查到了白羊座的性格特点：直率、热情、冲动，像小孩子一样。

我一想，这不是跟我一模一样吗？我果然是白羊座，星座这个东西真是准得离谱。于是，在之后的很长一段时间内，我都以白羊座的“官方身份”混迹在一群“白羊”中。可后来，我知道了自己的生日，又按照星座表一查，不对，我不是白羊座，而是金牛座。金牛座有哪些特质呢？踏实可靠，富含“艺术细菌”，思维缜密。哎！这个说的好像也是我。

一个人怎么能既是白羊座又是金牛座呢？后来学了心理学我才知道，原来这都是巴纳姆效应在起作用。

巴纳姆效应是由美国心理学家保罗·米尔（Paul Meehl）提出的，名称源自 19 世纪的马戏团老板 P.T. 巴纳姆，其以善于使用模糊和普遍适用的描述吸引观众而闻名。这种效应表明，人们会认为一些模棱两可、普遍适用的个性描述高度适合自己，即使这些描述实际上可以适用于大多数人。

巴纳姆效应的产生可以归结为以下几个原因。

模糊和普遍适用的描述：个性描述通常含混不清，使用的是一些普遍适用的特质。例如，“你有时候会感到不安，但大多数时候你能够应对压力”这样的描述几乎适用于所有人，但人们会觉得这正好描述了自己。

自我认同和验证：人们有一种自然的倾向，希望找到能够解释和验证自己个性的描述。当他们遇到一个看似准确的描述时，往往会不自觉地选择与自己实际情况相符的部分，而忽略不符合的部分。

选择性记忆：人们倾向于记住那些符合自己预期的描述，忽略或忘记那些不符合预期的描述。例如，如果你认为自己是热情的，那么你会更关注和记住星座描述中关于热情的部分，而忽略其他特质。

认知偏差：各种认知偏差，如确认偏差（Confirmation Bias）和归因偏差（Attribution Bias），也在巴纳姆效应中起作用。人们倾向于寻找和解释信息，以验证他们现有的信念和预期。

在我的例子中，先是认为自己是白羊座，因而认可白羊座的性格特点。后来发现自己是金牛座，又发现金牛座的描述也适合自己。这是因为星座描述的通常是非常模糊且普遍适用的特质，它们可以在某种程度上适用于大多数人。

白羊座的特质：直率、热情、冲动，像小孩子一样。

金牛座的特质：踏实可靠，富含“艺术细菌”，思维缜密。

这些特质都是相当普遍的描述，任何人都可以在某种程度上看到这些特质在自己身上的表现。由于巴纳姆效应，我很容易接受这些描述，并觉得它们准确地反映了我的个性。

巴纳姆效应之所以起作用，很大程度上是因为自己完成了对自己的认知确认，也就是心理暗示。比如，我认为自己是热情的，就会仔细寻找符合描述的事件，对这个描述进行确认。在遇到问题时，我也会先入为主地认为我是热情的，然后再次确认我的这个特质。通过不断循环反馈，最终成为这样的人。

发现了吗？人真是很容易受到“洗脑”的生物，多半还是自己给自己“洗脑”。

明白了星座产生作用的原理之后，我们再来把它运用到孩子身上。很多家长在批评孩子时，总喜欢用“扩大化”的方式。

比如，孩子一道题做错了，家长会说：“你怎么这么粗心！”孩子玩具没有放好，家长会说：“你怎么这么邋遢！”孩子一顿饭吃得少，家长会说：“这孩子老不好好吃饭！”孩子做作业时有小动作，家长会说：“你怎么一点儿也不认真！”

从逻辑上来说，一次事情做得不好，不代表次次都没有做好，也不代表孩子就是粗心、邋遢、不认真的人。这种扩大化的做法，实际上就是在给孩子贴负面标签。孩子听到之后会怎么想呢？

“爸爸说，我是个马虎的人。”之后再做错题，孩子就会再次对自己进行心理暗示：“我这道题又因为马虎错了，看来爸爸说得没错，我就是个马虎的孩子。”经过再三确认之后，孩子就真的养成了马虎的性格，再碰上问题时，他就会想：“我是个马虎的人，随便做一做算了。”这绝非什么天方夜谭，而是有心理学原理为依据的，是极有可能发生的事实。

我们再把这个问题反过来想一想，如果爸爸们（妈妈们）的做法正好相反呢？

比如，孩子做错一道题，爸爸说：“这道题错了没关系，我知道你是个很认真的孩子，以后做完再仔细检查一遍。”孩子玩具没放好，爸爸说：“哎呀，我看你平时这么整齐，玩具怎么放得乱七八糟的？”孩子没有好好吃饭，爸爸说：“你看你平时吃饭那么好，今天这是怎么了？跟爸爸说说。”

这些话，其实是在给孩子们贴正面标签，再通过一次次实践把这些标签固定下来，时间一长，孩子就会形成这样的性格。

贴标签对于孩子来说是一件好事吗？我个人的经验是，好的标签是好事，坏的标签就是坏事。

正面标签

勤奋：肯定孩子努力学习和工作的态度。

示例：你真努力，这次作业完成得很好。

细心：表扬孩子在做事时的认真和注意细节。

示例：你做事很细心，这次题目都没有出错。

有责任心：认可孩子对任务和承诺的责任感。

示例：你这么早就开始做作业，真是有责任心。

守时：赞赏孩子按时完成任务或到达某个地点。

示例：你按时完成了所有作业，真棒！

有创意：鼓励孩子在解决问题或创造事物时的创新能力。

示例：你的这个想法很有创意，真是个小发明家！

善良：肯定孩子对他人表现出的友善和同情心。

示例：你帮助了同学，真是个善良的孩子！

自信：增强孩子对自己的能力和判断的信心。

示例：你敢于发表自己的意见，真有自信！

积极：赞美孩子在面对困难时的积极态度和乐观精神。

示例：你总是这么积极，真是很阳光！

独立：认可孩子在解决问题和处理事务时的自主性。

示例：你自己解决了这个问题，真是独立自主！

合作：表扬孩子在团队活动中表现出的合作精神。

示例：你和小伙伴们合作得很好，真是个团队小助手！

负面标签

粗心：批评孩子在做事时的疏忽和不注意细节。

举例：你怎么这么粗心，又做错了题目。

邋遢：责备孩子在整理个人物品或空间时的懒散。

举例：你怎么这么邋遢，玩具都不收拾。

不认真：指责孩子在完成任务时缺乏专注和投入。

示例：你怎么一点儿也不认真，老是分心。

懒惰：批评孩子缺乏行动力和积极性。

示例：你怎么这么懒，什么都不愿意做。

没礼貌：责备孩子在与人交往时缺乏礼貌和尊重。

示例：你怎么这么没礼貌，对人说话不客气！

自私：批评孩子在分享和关心他人时表现出以自我为中心。

示例：你怎么这么自私，不愿意分享玩具。

胆小：指责孩子在面对挑战或新事物时缺乏勇气。

示例：你怎么这么胆小，什么都不敢尝试。

拖延：责备孩子在完成任务时的拖延行为。

示例：你怎么总是拖延，事情都做不好。

叛逆：批评孩子在遵守规则和听从指令时的反抗行为。

示例：你怎么这么叛逆，总是跟我对着干！

贪玩：指责孩子在学习或工作时过于贪玩。

示例：你怎么这么贪玩，学习一点都不认真。

使用正面标签可以有效增强孩子的自信心和积极性，让孩子更加愿意努力和改进自己。正面标签可以鼓励孩子看到自己的优点，培养积极的自我认知，促进他们在各个方面的发展。

负面标签会让孩子产生消极的自我认知，认为自己在某些方面永远不够好。这种自我暗示可能导致孩子在未来的行为中表现出更多的消极特质，形成恶性循环。

通过使用正面标签，我们可以帮助孩子建立积极的自我形象和健康的心理状态。避免使用负面标签，防止给孩子带来负面的心理影响和行为倾向。在家庭教育中，尊重和理解孩子，用积极的方式引导和鼓励他们，是培养孩子健康成长的关键。

最后，给大家分享一种十分有效的沟通方式，无论是在和孩子的沟通过程中，还是在与另一半的沟通中，它都能起到很好的效果，避免很多冲突。同时，也可以避免给孩子贴负面标签。

非暴力沟通（Nonviolent Communication, NVC）是由美国心理学家马歇尔·卢森堡（Marshall Rosenberg）提出的一种沟通方式，旨在通过理解和尊重他人的感受和需求，建立更有效、更有同情心的交流。NVC 的核心在于促进人与人之间的联系和理解，减少冲突，增进合作。

非暴力沟通的要素

观察（Observations）

定义：客观地描述所看到或听到的行为或情况，而不加任何评价或判断。

示例：不要说“你总是迟到”，可以说“你今天迟到了20分钟”。

感受（Feelings）

定义：表达自己在面对这些行为或情况时的感受。

示例：不要说“你这样做让我很生气”，可以说“你迟到让我觉得你不是很重视这件事”。

需要（Needs）

定义：说明你在这种情况下未被满足的需求或价值。

示例：不要说“你根本不关心我”，可以说“我想让你准时一点”。

请求（Requests）

定义：提出一个具体的、可行的请求，来满足你的需求。

示例：不要说“你以后不要再迟到了”，可以说“你能不能提前10分钟出发，以便准时到达”。

在和孩子相处的过程中，我们应该怎样使用非暴力沟通呢？

举个例子，孩子晚上回家不做作业，打开电视开始看动画片。

观察：我们看到的客观事实是，孩子在学习时间没有开始做作业，而是在看动画片，所以第一步是要描述客观事实，不掺杂任何评判："现在是不是做作业时间？我看见你在看动画片。"

感受：这一步要描述我们内心的感受，比如"我有点儿着急，万一作业做不完，影响睡觉怎么办呀？"

需要：这一步要提出我们的需要，比如"我想让你早点休息，或者做完作业还能去楼下玩一会儿。"

非暴力沟通四要素

请求：提出具体的，可操作性的要求，比如“你能不能把电视关了开始写作业？”

通过这种沟通方式，可以避免先入为主的评判引起孩子的叛逆和反感，也能避免把问题扩大化，给孩子贴负面标签。

自动化学习：养成好习惯

我上中学时有个陈同学，学习非常认真，也非常刻苦。当时每天晚上10点半宿舍就会熄灯，因为没有手机，所以同学们都准备了一个手电筒，躲在被窝里看小说。那时候，学校门口有那种小书店，店里都是一些时下流行的网络小说，10元押金，租一天5毛钱，“坏学生”们几乎人手一本。

陈同学也和其他人一样，每天晚上都用被子把自己裹得严严实实，从外面隐约能看到里面有个光点。我们都以为，他也躲在被窝里看小说，直到一次教导处查寝，我们都提前收好了“作案工具”，陈同学却一点儿反应也没有。教导处老师悄悄走到他床边，一把掀开被子准备“人赃并获”，这时才发现他手上拿的是《五年高考三年模拟》，不由得肃然起敬。

陈同学不仅晚上用功，早上也比其他人起得早。我们当时6点半起床，7点上早读，可陈同学每天5点就起床了，因为寝室楼门没有打开，他就躲在阳台背书，怕打扰别人。更“恐怖”的是，他中午从来不睡觉，也没见他犯过困，上课时困了就站起来听课。可以说，每天 24 个小时，陈同学几乎 18 个小时都在学习。

你可能会认为，这么努力的人，考试成绩一定很好吧？其实正好相反，陈同学高考只考了 300 多分（满分 750 分），平时也就在 300 分上下。

这实在是让人费解的一件事。你也许会说，他如果没有这么努力，说不定只能考 100 多分。这件事没法证明真假，因为人生没有重来的机会。但从学习科学的角度来说，陈同学的这种习惯，使自己长时间处于意志力疲劳状态，专注力和理解力一定会大打折扣，这就是习惯的重要性。

你一定也发现了，孩子们 1 ～ 3 年级的教材都特别简单，每个学期早早就学完了，后面的时间几乎都在做卷子，为什么要这样安排呢？一方面，是孩子们的认知发展有限，另一方面，教育初期学习内容其实是次要的，养成良好的学习习惯才是最重要的。

习惯对于我们到底有什么用呢？想一想，每天刷牙时，我们是要回忆一下刷牙的动作要领再开始，还是拿起牙刷在无意识中自动完成？每次开车时，是要先看一遍说明书，再回忆一下驾校学过的经验，还是在无意识中自动完成一系列驾驶动作？这些自动化的活动就是习惯的作用。

习惯是一种通过重复行为形成的自动化行为模式。当我们形成习惯后，相关的行为不再需要我们有意识地去思考和决策，而成为自动化的反应。这种自动化行为能够极大地减少认知负荷，使我们能够更加轻松地完成日常任务。

学习其实也是一样的道理，当某个学习活动形成习惯之后，就不需要使用意志力去强制自己学习了。那么，习惯是怎么形成的呢？

20世纪90年代，麻省理工学院的研究人员进行了一个十分有趣的实验。他们在每只老鼠的颅腔中植入了一种微型装置，类似于非常小的游戏摇杆，并连接了一堆细电线，以记录老鼠大脑中基底核的神经活动。

然后这些老鼠被放置在一个T形迷宫的一端；另一端放置了一块巧克力作为奖励，中间用挡板隔开。一开始，老鼠听到挡板打开的“咔嗒”声，看到挡板消失后，通常会在中央走廊里游荡，虽然能闻到巧克力的味道，但不知道如何找到。研究人员观察到，老鼠的大脑，尤其是基底核，在这个过程中非常活跃，不断处理新信息。

研究人员不断重复实验，老鼠在迷宫里也把同样的路径走了几百次。随着实验的继续，老鼠的行为逐渐变得自动化，穿过迷宫的速度越来越快。研究人员发现，随着老鼠熟悉迷宫路径，大脑的活动逐渐减少，基底核的活动模式发生了变化。

当老鼠学会如何穿越迷宫后，它们的思维活动减弱，行为变得自动化，不再需要去嗅闻或挠墙，与这些行为相关的大脑活动减少，基底核在习惯形成和执行中起到了关键作用。

实验示意图

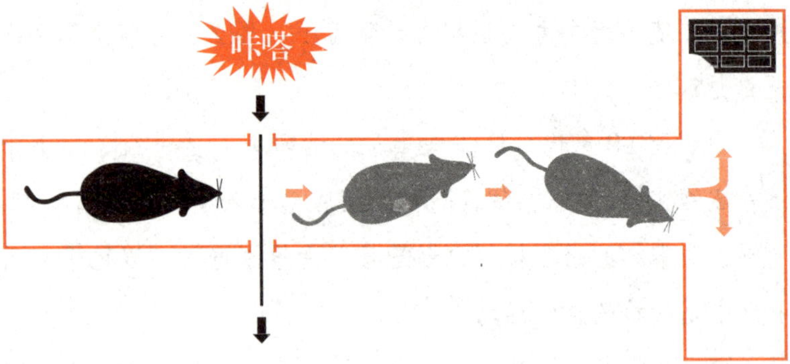

实验证明，一个习惯的养成需要一个暗示、一个重复的惯常行为和一个奖励，只要满足这3个条件，任何活动都能形成习惯。

习惯形成示意图

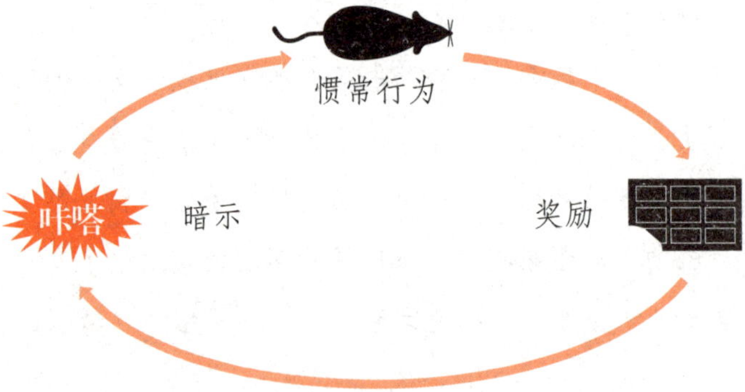

暗示（Cue）

暗示是触发习惯行为的信号。这是大脑接收到的某种刺激，可以是时间、地点、情境、情感、动作或特定事件。暗示让大脑知道应该启动哪种习惯行为。

惯常行为（Routine）

惯常行为是暗示触发后的实际行动。这是习惯的核心部分，即具体的行为或动作。这个行为一旦开始，大脑就会自动运行，不需要过多的思考。

奖励（Reward）

奖励是完成惯常行为后获得的正面结果或感受。奖励可以是外在的物质奖励，也可以是内在的满足感或成就感。奖励的存在使得大脑将这个行为与正面结果关联起来，从而强化习惯。

根据习惯的形成原理，我们可以帮助孩子养成良好的学习习惯。

暗示

设置一个明确且固定的暗示信号，让孩子知道该进入学习时间了。暗示可以是时间、地点、特定的行为或物品。

比如，每天晚上 7 点钟，学习桌上的闹钟响起，这就是开始学习的暗示。

惯常行为

设计一个清晰的学习行为流程，包括固定的时间、地点和方法。让孩子按照这个流程进行学习，形成惯常行为。

比如，孩子听到闹钟响起后，把水杯放在书桌上，打开台灯，拿出作业，准备好笔、橡皮等。千万不要小看这些看上去可有可无的“小动作”，这些都是惯常行为的重要组成部分，也是触发条件，能让孩子自动进入专注模式。做完作业之后，检查是必不可少的，这些也都需要在日常学习中养成。

奖励

提供孩子在完成学习任务后能够获得的奖励。

比如，孩子完成学习任务后，可以吃一块小点心或水果，玩一会儿游戏或玩具等。当然，爸爸和妈妈千万不要忘了鼓励和表扬孩子，这也是一种奖励。比如可以这样说：“你今天做得非常好，学习很认真！”

我们说，知识时代一定要让孩子有终身学习的意识，养成良好的学习习惯，无疑能够让孩子受益终身，这也是孩子们需要学习的重点内容。

下面，我就结合和孩子相处的经验，为大家分享一些比较实用的方法。

阅读习惯

大部分孩子都不喜欢读书，为什么呢？因为书对认知资源的消耗非常大。

文字本质上是一种符号系统，首先要通过视觉系统识别出文字的形状和结构。这一步骤主要涉及大脑的视觉皮质，特别是负责形状识别的区域。

识别出文字形状后，我们需要将这些形状解码为具体的字词。这一过程依赖于我们对文字的熟悉程度，以及大脑中存储的字词库。解码过程主要涉及大脑的语言区域，包括位于左侧额叶和颞叶的布洛卡区和韦尼克区。

解码出具体字词后，我们需要进一步理解其意义。这一步骤涉及语义记忆的调用，以及将字词与已有的知识体系进行整合。大脑的颞叶和额叶区域在这一过程中起重要作用。

在理解了文字的基本意义后，我们还需要将其与当前的情境或背景信息联系起来，以便更好地理解文字的整体含义。这一步骤涉及大脑负责高级认知功能和决策过程的前额叶皮质。

所以，相比于文字，孩子们更喜欢能直接看到的图像，比如图片、视频等。

因此，想让孩子们养成良好的阅读习惯，培养兴趣和选择书籍非常重要。我的原则是，范围要广，插图优先，趣味性强。除了与学习内容相关的书籍之外，还可以选一些科学、神话、文学故事甚至哲学等。市面上有很多漫画类的科普书籍，孩子们看起来不会很吃力。

其次是固定时间。每天或者每隔几天，在固定时间、固定地点进行阅读。由于孩子们的注意力、理解力和知识范围有限，爸爸（或妈妈）一定要带着孩子一起读，千万不要“偷懒”，让孩子自己看，这样很难达到效果。

假期学习习惯

有人说，假期是“弯道超车”的好时机，想一想，别人都在玩儿，你在学习，是不是就把大部分人都落下了？很多家长都有这样的观念，让孩子们在假期提前学习下个学期的内容，可是这样的学习却有一个问题。

小学阶段的课本知识大多非常简单，半年只有很有限的几个知识点，孩子们掌握起来并不难。所以想要“弯道超车”多半是没有什么效果的。我的经验是，假期的大多数时间，应该让孩子们以放松为主，学习应该以课本外的知识为主。

相信很多爸爸妈妈一提起作业，都有 PTSD 了。有句话怎么说来着？“不做作业母慈子孝，一做作业鸡飞狗跳。”究其原因，关键在于没有养成习惯。

习惯为什么重要呢？因为它具有“超越性”，可以超越具体的知识、课程，伴随孩子终身，这也是我个人认为对孩子最重要的东西。

其他具有“超越性”的知识，还有思维方法、学习方法、世界观、价值观等，这些才是真正决定孩子未来的东西。

主动学习：学习是自己的事

我发现，现在的年轻家长越来越“清醒”了。

前段时间看过一位家长拍的视频，他们家孩子只考了30多分，那个家长说：“我家孩子只是学习不好，又不是做了什么坏事，有什么好丢人的？”还有一位家长送孩子上学，在学校门口对孩子说：“到学校好好吃饭，养好身体是主要的，至于学习，能学进去就学，学不进去就不要学了。”无独有偶，一位在小学当老师的亲戚跟我分享说，很多家长专门跟她说，孩子考得不好或者作业没写，不要在班级里公开批评，也不要公布孩子的分数，这样会伤害孩子的自尊心。

家长们的转变，说明很多人都从“唯分数论”的教育叙事中跳了出来，不再把分数作为评价孩子的唯一标准，这当然是一件好事。毕竟，很多孩子学习就是很吃力，但却有其他方面的天赋，这不就是孔子所说的“因材施教”吗？

对于学校学习，我的观念是：

第一，不要求孩子考双百，因为一二年级的学习内容非常简单，考双百也不难，但一旦进入小学教育的后半程，随着课程难度的增加和知识量的拓展，考双百的难度就会直线上升，对于一直考双百的孩子来说，反而有一种落差和失落感。

第二，从小就要给孩子树立一个观念：课本上的内容只是学习的一部分，并不是全部。因此，除了课本之外，还要学习其他知识，多多益善，直到发现自己的特长和兴趣，然后再专攻某一个方面。

第三，学习一定要有主动性，认识到学习是自己的事情，而不是学校和家长布置的任务，只有这样，学习起来才能事半功倍。

当然，这些只是我个人的一点浅薄认识，仅作抛砖引玉。

为什么要主动学习呢？我们还是从学习科学的角度来对这个问题进行探讨。在学习科学的研究中，主动学习被认为是提高学习效果和效率的重要策略。主动学习不仅仅是被动接收信息，还要积极地参与、探究和应用所学内容。

深度加工理论认为，信息处理的深度会影响记忆效果。主动学习过程中，学生会对信息进行深度加工，比如，通过自我解释、类比、应用等方式，使信息在大脑中形成更稳固的记忆痕迹。比如，在学习新单词时，使用单词造句、查找相关背景资料、进行讨论和应用，比单纯背诵单词表效果更好。

这背后的机制叫作生成效应（Generation Effect）。生成效应是指当个体在学习过程中主动生成信息时，能取得比被动接收信息更好的记忆效果。

生成效应背后的原理可以从几个方面来理解：

◇ **深度加工：**主动生成信息需要学习者进行更深入的思考和处理，相较于被动接收信息，这种深度加工有助于形成更持久的记忆痕迹。

◇ **认知参与：**生成答案或例子时，学习者需要调动已有的知识和经验，激活相关记忆，从而加强新信息与已有知识之间的联系。

◇ **自我参照：**生成过程通常涉及个人的思考和决策，有助于信息与个人经验相联系，使记忆更加个性化和具体化。

我们举个简单的例子来说：

Apple — 苹果

Book — 书

House — 房子

Dog — 狗

Car — 车

这几个单词都是日常生活中很常见的事物，如果这样背的话，效果也很好。因为我们只要看到单词，脑海里立刻就能想到这些东西，因此记忆非常牢固，这就是认知参与的结果。

接下来，我们来看另外一组单词：

Quasar — 类星体

Ephemeral — 短暂的

Zephyr — 微风

Luminous — 发光的

Ineffable — 难以言喻的

是不是感觉难度一下子提高了，也很难记了。其实，只要使用生成效应就会把它们牢牢记在脑子里。比如，我们可以故意减去里面的部分字母，然后努力回想把它们填进去：

Qu__ar — 类星体

Ep__em__al — 短暂的

Ze__hyr — 微风

Lu__in__us — 发光的

In__ff__bl__ — 难以言喻的

通过回想，我们实际上进行了检索、回忆、重构，对一个单词进行了大量的思维加工和加强编码，在这个过程中，我们的注意力完全集中在单词上，所以记忆的效果非常显著。这就是生成式学习的作用。

在孩子学习的过程中，我们可以刻意去设计一些能用到生成效应的题目。

自主问答：在学习新知识时，鼓励孩子提出问题并自己尝试回答，而不是直接看书或听讲解。

例子生成：让孩子为所学概念生成具体的例子，而不仅仅是理解概念的定义。比如，在学习数学定理时，学生可以尝试举出该定理在现实生活中的应用例子。

思维导图：鼓励（教会）孩子用思维导图的方式整理所学知识，通过主动生成知识结构图来加深理解。

这些都是使用生成效应的具体方法。

主动学习的另一方面是，如何让孩子对学习这件枯燥的、需要消耗大量资源的事情感兴趣呢？这确实是个难题。下面，我结合学习科学的原理和自己的经验，介绍给各位好爸爸、好妈妈一些具体的方法。

兴趣是最好的老师，孩子对什么感兴趣，就会自觉去学习，根本不用家长费心。可是，孩子就是对学习没兴趣，这该怎么办呢？

这个问题其实最好解决，孩子怎么会对课本上的知识有兴趣呢？他们爱玩爱闹，爱跑爱跳，还有的孩子爱做手工，爱玩游戏。所以，作为爸爸，要先发现孩子的兴趣，然后再把兴趣和知识结合起来，不要总把目光拘泥在课本的知识上。

比如，孩子喜欢做手工，就给他买手工用品，如小剪刀、胶棒、各种各样的硬纸、贴画甚至胶枪，然后去给他找教程，让他跟着教程去做。遇到难题时，先让他自己想办法解决，实在解决不了再帮忙。类似的还有积木、拼图等。这些虽然看上去是在玩，但对孩子的注意力和创造性思维很有帮助，而这些思维最后都能反馈到学习上。

再比如，孩子对花花草草很感兴趣，就带他去公园里看花看草，去田里挖红薯、掰玉米，顺便带他认识各种各样的蔬菜苗，告诉他什么是叶绿素，什么是光合作用，什么是人工选择和自然选择。碰到自己不懂的，就拿出手机现场查资料。

这些都是学习的方式，而且孩子们非但不会反感，反而很有兴趣。

再比如，放风筝时，可以把飞机的原理告诉孩子，打雷时，可以告诉孩子们雷是怎么形成的。

孩子喜欢辩论，就故意经常“找碴”，让他们在辩论中获得成就感。

“适当难度原则”（Zone of Proximal Development，ZPD）是心理学家列夫·维果茨基（Lev Vygotsky）提出的一个重要教育概念。这个原则强调在学习和发展过程中，任务的难度应当在孩子当前能力的“最近发展区（ZPD）”内。

最近发展区指的是孩子在成人或更有经验的人的帮助下可以完成任务，但独立完成这些任务还存在一定困难。这个区域就是孩子潜在的学习和成长空间。

在孩子面临挑战时，爸爸要给予适当的支持和引导，比如提供策略、技巧或额外的资源，以帮助他们完成任务。在孩子完成挑战后，给予积极的反馈和奖励，强化他们的学习动机。

在每次挑战之后，进行反思和总结，帮助孩子认识到自己的进步和学习的成果。这种反思过程不仅帮助孩子理解自己的成长，还可以帮助他们在未来面对更多挑战时更加自信。

随着孩子能力的提升，可以逐步增加任务的难度，让他们不断挑战自我，并在每个阶段中保持积极的学习态度和动力。

主动学习能够帮助孩子发展出自主性和理解创新能力，提高信心。这些都是孩子成长过程中不可或缺的素质和技能。所以爸爸们一定要让孩子树立主动学习的观念，培养主动学习的习惯，只有这样，才能让孩子们获得更强的生存能力，过上更好的生活。

与电子设备共处：工具和玩具

前段时间看到一则新闻。一个七八岁的男孩跟奶奶要手机，被拒绝之后，竟然推倒奶奶的电动车，当街打奶奶。好在路人及时出手制止，这位头发花白的老人才“幸免于难”。

其实，对于我们这个时代来说，这样的新闻早就不算新闻了。只要在搜索引擎中键入关键词“孩子，手机”，就能看到无数类似的新闻。有人说，孩子之所以如此，都是手机害的，有人说，这是家长惯的，还有人说，这都是因为游戏和小视频，应该把这些东西都禁了。

仔细想一想，这哪里是孩子的问题，大人不也是每天一有空就抱着手机，不是刷短视频，就是打手机游戏吗？很多人甚至熬夜、通宵玩手机，一边“嘿嘿嘿”，一边找充电器，手机都快成“电子鸦片”了。

要我说，每一代人都有属于他们的“洪水猛兽”。我们这一代是电脑游戏，很多孩子沉迷游戏，无心学习，逃课是家常便饭。当时的家长就不断呼吁禁止游戏，只是一直到现在都没有什么结果，游戏产业反而越来越发达，甚至进入亚运会，获得了官方认证。到了现在这一代孩子，游戏还是大行其道，只是游戏厅换成了手机。

孩子们，或者说我们为什么会沉迷手机呢？因为手机带来的快乐是即时的，尤其是短视频。它不需要你思考，在短短十几秒甚至几秒之内，就能给你带来强烈的感官体验，让你欲罢不能。

手机为什么会这样让人着迷呢？因为它就是为你的大脑“量身打造”的。

即时满足

即时奖励：短视频和社交媒体提供了即时的感官刺激，用户在极短时间内就能获得快乐。这种即时奖励的机制很容易使人上瘾，因为大脑会对这种快速反馈产生强烈的反应。

快速反馈：短视频通常设计得非常吸引眼球，不需要深入思考，就能够迅速给人带来视觉和听觉上的愉悦，从而形成一种快速的奖励回路。

多巴胺分泌

奖励机制：每当用户看到有趣或令人愉悦的内容时，大脑会分泌多巴胺，这是一种与奖励和快乐相关的神经递质。多巴胺的分泌增强了用户对这种体验的渴望，使得用户不断寻求更多的短视频，以获得类似的快感。

成瘾性：这种多巴胺的分泌会形成一种正向反馈机制，导致用户不断回到手机上寻求更多的即时满足，从而容易上瘾。

个性化推荐

大数据分析：现代短视频平台利用大数据分析用户的行为和兴趣，精确预测用户喜欢的内容。这种个性化推荐确保了用户看到的内容大多数是他们感兴趣的，从而提高了用户的参与度和满意度。

算法优化：平台通过不断优化推荐算法，使得用户每次打开应用时，都能看到更符合他们兴趣的内容，这种高匹配度的内容能够有效地吸引用户继续使用应用。

心理满足

心理满足：由于短视频内容的即时性和高频率更新，用户能够在短时间内体验到多种多样的感官刺激，这种心理满足感很容易让人产生依赖。

逃避现实：这种即时的快乐体验还可以成为一种逃避现实问题的方式。当人们感到焦虑、压力或无聊时，短视频提供了一种暂时摆脱这些负面情绪的方便方式。

社交因素

社交互动：社交媒体平台不仅提供娱乐内容，还允许用户与朋友互动，分享内容，获得反馈。社交互动进一步增强了用户的参与感和归属感。

社会认同：看到朋友或名人也在使用这些平台，用户会感到一种社会认同的压力，从而增加使用的频率和时间。

设计心理学

设计优化：应用和平台的设计往往利用心理学原理，创造出具有高吸引力和易用性的界面。无限滚动、即时通知和视觉上令人愉悦的元素都是为了增强用户的参与度。

行为习惯：通过设计让用户养成持续刷屏的习惯，从而使得使用这些平台成为一种常规行为，难以打破。

总的来说，刷短视频能够使我们的大脑分泌大量多巴胺，从而让我们获得无与伦比的快乐。而在大数据的加持下，只要你简简单单地滑动一下屏幕，快乐就会接踵而至，无穷无尽。更重要的是，你看到的绝大多数内容都是你感兴趣的。大数据比你更了解你自己。手机中的海量内容就像一个巨大的、铺天盖地的蜘蛛网，把我们笼罩在其中，用无限的简单快乐俘虏了每一个人。成年人尚且如此，何况孩子呢？

相信很多家长对于孩子看手机或平板电脑的问题都非常头痛，孩子们似乎一点儿也不懂得节制，只要一有时间就要看、就要玩，不给就哭、就闹。有些家长为了方便，就一次次选择妥协，把电子设备交给孩子，最后陷入了无穷无尽的循环。

在短视频的浸染下，孩子们每天嘴里说的都是一些一般人听不懂的网络流行梗，什么“对对对”“857”“哥哥”“小黑子”“你个老6”等，似乎已经不会正常说话了。

我们先来想一个道理：一个电子产品就在手边，随时可以拿到的孩子，和一个电子产品被家长保管，必须索要才能拿到的孩子，哪个对电子产品更渴望呢？或者我们换一个说法来理解：一个亿万富翁和一个穷人，谁对于1万块钱更渴望，更愿意为此付出更多代价呢？答案不言而喻。

不知道各位爸爸有没有抽烟的坏习惯，或者有没有尝试过戒烟？我抽了很多年烟，但是一天抽不了几根。有段时间孩子妈妈不让我抽，我就找各种机会抽烟，比如去楼下倒垃圾，去超市买东西，甚至拿快递时都要抽。平时一次抽一根，那几天一逮到机会，最少两根起步。本来想的是控制吸烟，最后反而越抽越多。这个道理其实是相通的。

心理学上有一个白熊效应（White Bear Effect）。这一效应得名于心理学家丹尼尔·韦格纳（Daniel Wegner）及其团队的研究。他们在20世纪80年代进行了一系列实验，发现当人们被要求避免思考某个特定主题（如“白熊”）时，他们实际上会更频繁地想到这个主题。

从认知心理学的角度来讲，当我们刻意压制某个思想时，大脑会经历一个监控过程，以确保这个思想不会浮现。然而，这种监控过程可能会导致相反的效果，使得被压制的思想更容易进入意识。避免某个思想需要不断地将注意力从该思想上转移，这种持续的努力可能会引起更多对该思想的关注，从而增加其出现的频率。

也就是说，你持续不断地提醒自己忘了某个东西，但事实上你不断提醒自己的这个过程,就是在加深对这个事物的印象。（是不是有点儿虐恋的味道？）

所以防止孩子手机成瘾的第一个原则，是让他们自己管理手机。

你一定想问：把手机和平板电脑给孩子，不怕他们控制不住自己一天十几个小时地看吗？当然不怕，因为我们给孩子的只是一个自主选择的权利，让他们对自己负责，对自己的行为做主，不再对电子设备产生渴望的情绪。要知道，真正难以抑制的其实是情绪。

我们接下来要分享第二个原则：制订计划，约定时间。

现在绝大多数电子设备上都有时间统计，每天看了多长时间，每个应用分别占用了多少时间都可以看到。在把电子设备交给孩子们保管之前，一定要本着公平公正的原则，和孩子们定好每天看多长时间，然后用书面形式写下来，并制订惩罚措施和奖励措施。

比如，可以和孩子约定每天看平板电脑的时间是 1 小时，超过之后会自动锁屏。如果当天超过了，那么，就用第二天的时间去补，以此类推，往后顺延。这是短期规则。

如果1周内都能做到，可以奖励2元之内的自由购买权，或者直接获得2元奖励。这些钱可以攒下来完成更大的目标，比如买一个娃娃。通过小额奖励的积累，孩子可以实现更大的愿望和目标，这种方式既能激发孩子的积极性，又能培养他们的延迟满足能力。

当然，也可以用其他时间来换取看平板电脑的时间。比如，学习或阅读1小时，可以换取半小时的游戏时间，这是额外奖励规则。这样一来，看平板电脑就成了对于学习的奖励，而且是通过他自己的努力和选择得来的，全程他都有自主选择的权利，而不是被迫的。

通过制订计划和约定时间，结合书面协议、惩罚与奖励措施，以及时间交换等策略，可以有效帮助孩子合理使用电子设备，同时还可以培养他们的自律和时间管理能力。

接下来，我要分享第三个原则：电子设备不仅仅是娱乐工具，更是学习工具。

我有个堂妹（只比我小3个月），大学学的是机械专业，毕业后觉得自己不喜欢这个专业的工作，于是开始自学注册会计师的相关内容。我们当时都认为她疯了，因为注册会计师考试差不多是所有考试中难度最大的。

一是科目多，包括会计、审计、财务管理、经济法、税法等多个领域，知识点只能用海量来形容。

二是备考周期长，所有科目在5年内考完，对于上班族来说，时间实在是捉襟见肘。

三是通过率低，专业阶段各科的考试通过率通常低于30%，如果一门没有考过，就需要重新考，一旦5年内没有考完所有科目，那么第一年通过的科目还要重新考。

我专门查了一下，截至2023年12月31日，全国共有注册会计师102 017人，简直是百万里挑一。

所以对于堂妹的这个跨专业考注册会计师的“疯狂计划”，我当时脑海里唯一的想法就是不靠谱。当我得知她不报培训班，还要边上班边备考时，更是瞠目结舌。

可是，就在前年，她通过了所有考试，成功拿到了注册会计师证书，我对她的佩服顿时犹如滔滔江水，一发不可收。

她是怎么做到的呢？就是一部平板电脑、一部笔记本、一套教材，所有课程全都通过自学完成。堂妹的经历给了我两点启发：第一，自学是很强大的武器，能够完成最困难的学习任务；第二，电子设备是强大的学习工具，网络资源是无穷无尽的知识宝库，足以支撑个体完成对某个行业的深入学习。

所以，作为爸爸，我们一定要让孩子们掌握搜索资源、使用资源的能力，养成用电子设备学习的习惯，这是对终身学习最好的工具支持。

具体怎么做呢？

备忘录

把电子设备当成记事本，记录一些生活中的灵感，这也是我的日常习惯。

学外语

利用电视、平板电脑等设备播放英语动画片、电影或教育节目。选择适合孩子年龄和兴趣的内容，确保内容简单易懂并富有趣味性。这样不仅能让孩子在娱乐中学习，还能增加语言环境的暴露量。

利用科技辅助工具

使用一些学习 APP 和软件，这些工具通常包含丰富的学习资源和互动功能，可以帮助孩子更有效地学习和规划时间。

玩游戏

很多优秀的游戏都极具创意性，可以给孩子带来很多启发和思考，激发创造性思维。前面我们也说过，一些难度极高的游戏，还可以培养孩子们克服困难的决心和毅力。更重要的是，很多爸爸都是玩游戏的“高手”，正好能和孩子们玩在一起，增进亲子感情，简直一举两得、一箭双雕。

有一句话说得好，刀本无罪，罪在人心。工具本身并没有善恶的属性，关键是看人怎么去用。很多家长严格禁止自己的孩子接触电子设备，但却没有想过一个问题：现在是电子时代，其他孩子从小接触这些工具，养成了使用工具的习惯，甚至学会了如何使用工具自学，而你的孩子不仅从没有接触过，还每天看着大人利用所有碎片时间沉迷于电子设备，他心里会怎么想呢？会不会对电子设备充满好奇、充满渴望，而当他终于有一天能自由使用时，但由于没有学会自我管理，最后又会出现什么结果呢？

还有一个问题，当同龄的孩子满口“网络梗”时，没有接触过电子设备的孩子却不知道大家在说什么，会不会被孤立呢？这些问题其实想一想就很容易得出答案。

当然，我所说的并非真理，只是在已知条件的基础上，通过逻辑推演的方式得到的可能性结果，只有参考价值，不具备作为统一标准的意义。只要各位好爸爸能够从我的经验中得到哪怕一点儿启发，这些枯燥无味的长篇大论就算没有浪费纸张。

性教育：那些难以启齿的事，怎么告诉孩子？

前几天看了一项调查数据。北京日报客户端2024年3月22日报道："2021年至2023年，昌平法院受理的涉未成年人案件共1774件，其中刑事案件127件、民事案件1647件。法院统计……强奸罪、寻衅滋事罪、盗窃罪、强制猥亵罪、猥亵儿童罪位居前5位，占比共达62%。""性侵案件在侵害未成年人犯罪案件中占比超过半数，且多为熟人作案。"另外一个显著的特点是："学校及培训机构教职工、存在共同家庭生活关系的成员等，通过熟人身份对未成年人实施性侵害，作案手段隐蔽、犯罪时间跨度长，且侵害不满14周岁未成年人犯罪有所上升，被害人在诱导下'自愿'情形增加。"

另一份资料更加触目惊心。最高检《未成年人检察工作白皮书（2022）》显示，2022年，最高检起诉强奸、猥亵儿童等性侵未成年人犯罪36957人，较2021年同比上升20.4%。

这些冷冰冰的数字背后，都是活生生的孩子们，这样的侵害，对于孩子来说实在太残忍，恐怕一辈子都走不出来。

中国自古以来都是羞于谈性的，仿佛这个字眼就是洪水猛兽，对于孩子尤其如此。我小时候问我妈妈："我是从哪里来的？"妈妈会告诉我："是从大门后面刨个坑，从坑里挖出来的。"至于生理常识，也都是我成年之后通过自己的摸索才慢慢了解到的。更加"离谱"的是，就连老师在教生物课时，碰到"敏感内容"也会要求学生们自学，然后教室里的同学们便嘻嘻哈哈闹成一团。

那么，现在的性教育状况如何，有没有改善呢？联合国2018年发布的《中国初级中学性教育实施状况》显示，性教育的课程极少，且大多数被其他主课挤占，甚至有一部分教师认为，给学生上性教育课是"不可接受"的。

孩子们受到侵害最主要的原因，是自身对于性知识不了解或者认识不充分，无法定义什么是侵害行为。加上熟人的诱导，根本无法意识到这是一种侵害。而由于这种关系的隐秘性，往往很难发现，即使发现，很多家长也会出于"面子"考虑选择"私了"，甚至直接忍气吞声，不了了之。冰山之下，往往更加惊人。

另外，也是由于不了解，很多少男少女过早地发生了关系，又不懂得如何保护自己，早孕等情况也时有发生。

这些事件是孩子们的责任吗？我想这种归因恐怕没什么说服力。所以对孩子们的性教育是保护他们的一个重要部分。如果无法从正常渠道学习到性知识，那么，孩子们长大之后，就会通过其他“非正常”渠道了解，至于了解到的是什么，那就无法控制了。

作为爸爸，我们首先要从心底改变观念，不要把性妖魔化，这只是一种正常的生理活动。古人讲“食色性也”，性和吃饭、睡觉一样，是人的本能需求，只有我们用正确的态度对待性教育，不在孩子们面前羞于谈性，才能帮助他们健康地成长。

从小开始，以年龄为导向

在孩子不同的成长阶段，给他们提供适合年龄的性知识。比如，幼儿时期可以教他们认识身体部位，学会保护自己。青春期时，应该讲解生理变化、性别认同及健康的两性关系。

保持开放的沟通

创造一个开放、信任的环境，让孩子们感到可以随时询问和讨论性相关的问题。避免以讳莫如深的态度对待性话题，让孩子们知道性是可以谈论的正常话题。

使用准确的词汇

在谈论与性相关的内容时，使用正确的解剖学术语，而不是含糊其词或使用昵称。这样可以帮助孩子们正确地理解和表达自己。有些家长习惯在进行性教育时使用代称，其实这样做很难达到效果，因为孩子们会以为家长是在开玩笑，无法予以足够的重视。

讲解安全和健康

性教育不仅是讲解生理知识，还应包括安全和健康的内容。比如，教导孩子如何保护自己，了解不适当的触碰，认识性别平等和尊重他人。

利用资源和工具

利用书籍、视频、网站等资源，辅助性教育，选择内容科学、适合儿童的性教育材料，让孩子们通过多种途径获取知识。现在互联网上的资源非常多，还有很多专业讲解性知识和生理知识的绘本，比如《我们的身体》等，这些都是很好的途径。

鼓励自我探索和自尊

教导孩子们认识和尊重自己的身体，理解身体的变化是正常的。鼓励孩子们建立自尊和自信，理解个人的性别认同和性取向。

在生活中潜移默化

制订并明确家中的隐私和身体边界规则，让孩子了解哪些行为是可以接受的，哪些是不可以接受的。从孩子小时候开始，就制订明确规则：

孩子洗澡和上卫生间时，异性家长必须回避，不可以只穿内裤在家里随意活动，同时，不可以在我或者其他人面前裸露身体。

确保孩子有私人空间，比如自己的房间或个人区域，即使在家里也要尊重他的隐私。进入孩子的房间前，要养成敲门并等待许可的习惯。

避免不必要的身体接触，如在公共场合或家里随意抱抱或亲吻。

通过这些生活中的细节，能让孩子在潜移默化中意识到两性之间的差别，以及哪些行为是合理的，哪些行为是不合理的，从而树立起隐私意识和安全意识。

性教育对孩子们的健康成长和安全具有重要意义。它一方面是为了消除神秘感，让孩子了解行为的边界，进而保护孩子；另一方面也是为了保证孩子们不去侵犯其他孩子。即使成年之后，这些教育也会告诉他们，什么是对的，什么是错的，这也是具有“超越性”的知识。

深层学习：检验学习的最终成果

学习的终极目标是什么？很多爸爸可能会说，是为了考一个好成绩，最后能考上一所好大学，找一份好工作，未来的生活能够轻松一点。

这当然没有问题。可是，我们已经讨论过一个问题，在当下的环境中，“卷学习”“卷学历”的性价比已经很低了，况且考上好大学就一定能找到好工作吗？这之间恐怕没有必然联系。

我们把开头的描述再简化一下：学习的终极目标是什么？未来的生活能够轻松一些。或者我们换一种说法：学习的目的是学以致用，让孩子能够把知识转化成物质回报或者精神回报——这样似乎更加实际一些，也更简单。换句话说，其实就是古人所说的“学以致用”。

所以，作为爸爸，我的观点是，从小要让孩子树立一个观念：知识是为生活服务的，而不仅仅是应付考试。

学习科学中有个核心概念叫深层学习，对应的叫浅表学习，也叫教授主义（传统课堂教育）。

深层学习

◇ 建立联系：深层学习要求把新学的知识和以前学过的知识联系起来。就像在拼图游戏中，把每一块拼到合适的位置一样，你需要把新知识和旧知识连接起来，形成完整的理解。

◇ 归纳总结：孩子会把学到的知识整理成一个系统，就像把不同的玩具放到对应的玩具箱里。这能帮助他们理解知识的结构和关系。

◇ 寻找模式：孩子会去发现知识中的规律和基本原理，就像在找规律的游戏中，找出不同图案的相同之处。这能帮助他们更好地理解和应用知识。

◇ 评价新想法：孩子不仅学习新知识，还会对这些知识进行评价，看看它们如何与自己已有的知识和结论关联，就像在解谜题时，不断验证他们的猜测是否正确。

◇ 了解对话过程：孩子会明白学习是一个对话的过程，知识是通过讨论和交流产生的。他们需要批判性地分析和检查论据的逻辑性，就像在讨论一个问题时，确保每个人的观点都合理。

◇ 反思学习过程：孩子会思考自己的学习过程，了解自己学到了什么，怎么学的，以及为什么这样学。就像在游戏后回顾策略，看看哪些地方可以改进。

浅表学习

◇ **缺乏联系：**在传统学习中，孩子通常没有把新知识和之前的知识联系起来，就像在玩新的玩具时，不知道这些玩具如何和以前的玩具关联。

◇ **知识碎片：**孩子可能把课程材料当作一堆孤立的知识点，而不是一个完整的知识体系。就像把积木放在不同的地方，没有整理成系统。

◇ **记忆而不理解：**孩子记住知识的事实和步骤，但不知道为什么要这样做，也不知道如何应用这些知识。就像记住了游戏规则，却不明白规则背后的原因。

◇ **遇到新问题不知所措：**当面对与课本不同的问题时，孩子不知道如何去解决，就像在遇到新游戏时，不知道怎么玩。

◇ **静态知识：**孩子认为知识是固定的、来自权威的资料，而不是通过理解和应用得来的。

◇ **缺乏反思：**孩子通常只记住知识，而没有反思学习的目的和方法。就像玩游戏时，只是玩而没有思考如何更好地玩。

深层学习注重理解和联系，通过思考、总结和评价来掌握知识。而浅表学习则更多依赖于记忆和复述，知识往往被当作孤立的事实，不容易形成全面的理解。深层学习帮助孩子们建立全面的知识体系，而浅表学习则可能使他们难以将知识应用到新的情境中，这就是学习科学中所说的知识迁移（学以致用）。

深层学习不仅能够让孩子们做到学以致用，还能加深对知识的理解和记忆，就算应对考试，也可以做到游刃有余。或者换句话说，应对考试只是“顺带”的事情，孩子们学习的最终目的，是实现知识迁移，所以爸爸们不用担心这一点。

作为爸爸，我们应该怎样引导孩子进行深层学习呢？下面是我自己在和孩子一起学习的过程中总结出来的一些实用经验。

知识联系

关联新旧知识：鼓励孩子将新学到的知识与他们已有的知识和经验联系起来。可以通过提出问题、讨论相关的背景信息或用比喻和类比的方式帮助他们理解。

例如，在学习新数学概念时，可以将其与之前学过的数学知识进行对比和联系。

应用实际例子：使用实际生活中的例子来解释学习中的概念，这样孩子能更好地理解和记住这些概念。

比如，讲万有引力时，可以通过现实中东西从空中掉落在地面的其他例子来解释，还可以做进一步的延伸。比如，太空里有没有万有引力？月球上的万有引力会不会变小？如果引力消失会怎样？这样不仅能让孩子牢牢记住知识点，还能激发他们的想象力和好奇心。

知识归纳

总结和概括：鼓励孩子总结和归纳所学的知识，形成系统性的理解。可以通过制作思维导图、总结笔记或进行总结讨论来实现。思维导图是一项非常实用的学习技能，可以让孩子多做、多练。比如，如何给家里做一个思维导图呢？可以根据用途将房间划分为卧室、客厅、卫生间、书房、厨房，然后分别写出每个房间的物品。按照性质和用途将家中物品划分为家具、厨具、服装、日化、电器和其他，然后分别列出每个分类下有什么。

经常做思维导图，能让孩子自然养成将知识分门别类的归纳习惯。

寻找模式和原理

探索规律：鼓励孩子在学习中寻找规律和基本原理。这可以通过对比不同的情况、实验和观察来实现。

提出问题：引导孩子提出“为什么”，鼓励他们去探索知识的本质和原因。

培养批判性思维

评价新想法：鼓励孩子评价和分析新的信息和观点。可以通过讨论不同的观点、进行辩论或撰写分析性文章来实现。

比如，在学习一篇文章时，让孩子找出作者的论点，论证过程和论据，找出论证的逻辑过程，评判论据是否充分，得出的结论是否合理。

检查论据逻辑：教孩子如何检查论据的逻辑性，确保他们能够辨别合理的推理和不合理的论证。

反思学习过程

反思学习： 鼓励孩子对自己的学习过程进行反思，帮助他们识别自己在学习中的优势和不足。

例如，学习后进行自我评估，思考哪些方法有效，哪些需要改进。

设定目标： 帮助孩子设定具体的学习目标，并定期回顾和调整这些目标，确保他们在学习中不断进步。

比如，制订学习计划并定期检查目标的完成情况。

使用引导性问题

提出开放性问题： 使用开放性问题而不是简单的“是/否”问题，引导孩子思考和探讨。这可以促进他们的深度思考和理解。

长期记忆：学习的本质

学习方法对孩子们非常重要，选对方法，能够达到事半功倍的效果。这里主要是给各位好爸爸分享一些“亲测有效”的具体方法。

记忆方法

学习的过程可以被看作将短期记忆转化为长期记忆的过程。短期记忆是指如果不加以复忆，大脑只能在较短时间内记住某些信息，而长期记忆则是指信息被存储在大脑中较长时间，甚至终身保持。在使用的时候，再从记忆中检索和提取出来。

短期记忆：短期记忆的容量有限，通常只能存储 5 ~ 9 个信息单元，而且容易受干扰。比如，昨天你给自己列了很多计划，如果没有通过备忘录记下来，今天大概率就会忘记一部分。

长期记忆：长期记忆的存储容量几乎是无限的。将信息从短期记忆转化为长期记忆，需要通过反复复习和应用。

艾宾浩斯遗忘曲线

德国心理学家赫尔曼·艾宾浩斯（Hermann Ebbinghaus）通过实验发现，人类的大脑对新信息的遗忘速度是有规律的，并因此提出了著名的“艾宾浩斯遗忘曲线”。曲线表明，人类在记住新信息后的短时间内遗忘速度最快，然后逐渐减缓。

初期遗忘迅速：学习后的1小时内，遗忘率非常高，约50%的信息会被遗忘。

逐渐减缓：之后遗忘速度逐渐减慢，到一天后遗忘率约为70%。

长期保留：若经过多次有效复习，信息可被长期保留，甚至终身记忆。

根据艾宾浩斯遗忘曲线的规律，我们可以帮助孩子们采用科学的复习方法来巩固记忆，减少遗忘。

及时复习

第一次复习：在学习新知识后的20分钟内进行第一次复习。这时记忆保留率较高，复习能够加强初期记忆。

第二次复习：在24小时内进行第二次复习，此时遗忘速度较快，通过复习可以显著提升记忆保留率。

第三次复习：在1周内进行第三次复习，这时遗忘速度开始减缓，复习能够进一步巩固记忆。

第四次复习：在1个月内进行第四次复习，确保信息被固化为长期记忆。

间隔复习

科学的复习间隔是关键。根据遗忘曲线，复习间隔应逐步延长，以达到最佳记忆效果。

第一次复习：24 小时内再次复习。

第二次复习：第三天进行复习。

第三次复习：1 周后再次复习。

第四次复习：1 个月后进行复习。

这种间隔复习方法能有效应对遗忘，逐步将信息转化为长期记忆。

艾宾浩斯遗忘曲线

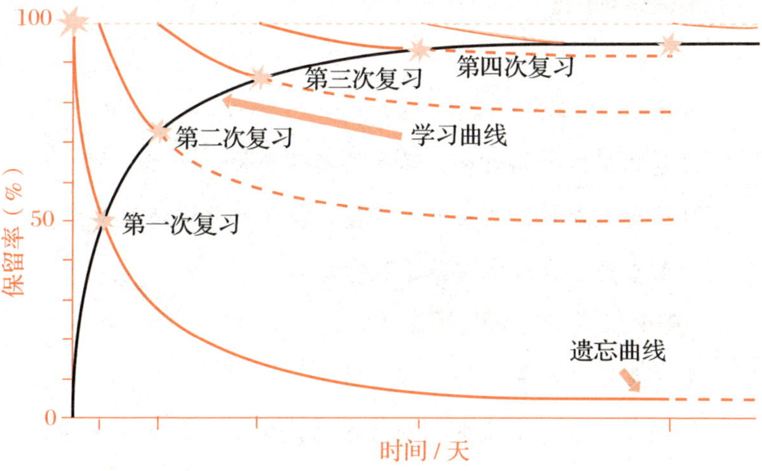

还有一个很重要的“冷知识”，其实，无论是爸爸还是孩子，大部分长期记忆都是在睡眠中形成的。我们的大脑在白天接收了海量信息，这些信息有些是有用的知识，有些是无用的“噪声”，睡眠能把这些“噪声”清除掉，让有用的知识留下来。

你或许也有和我一样的经历。前一天背一篇文章或学一首歌，无论如何也记不住，怎么都不对，但一觉醒来，马上就有一种融会贯通的感觉，这就是睡眠对于记忆的作用了。

睡眠是一个复杂的过程，分为多个阶段，每个阶段都有其独特的生理和心理功能。通常睡眠分为两大类型：非快速眼动睡眠（NREM）和快速眼动睡眠（REM）。

非快速眼动睡眠

NREM 1 阶段（入睡阶段）

这是睡眠的初始阶段，通常持续几分钟。

身体逐渐放松，脑波开始变慢，但仍有些许清醒意识。

容易被外界声音或其他干扰唤醒。

NREM 2 阶段（轻度睡眠）

占据整个睡眠周期的大部分时间。

体温降低，心率减慢，脑波活动减缓，但会出现短暂的脑电波爆发（睡眠纺锤体）。

身体进一步放松，进入更深的睡眠状态。

NREM 3 阶段（深度睡眠）

也称为“慢波睡眠”。

脑波（δ 波）变得更慢，身体完全放松，恢复和修复过程加速。

此阶段最难被唤醒，对身体恢复和免疫功能至关重要。

NREM 4 阶段（最深度睡眠）

深度睡眠的最深阶段。

这一阶段对身体的恢复和生长发育至关重要，生长激素在此期间大量分泌。

大脑对外界刺激的反应最小，几乎完全沉浸在睡眠中。

快速眼动睡眠

REM1 阶段（快速眼动睡眠）

通常在入睡后 90 分钟开始，每晚会经历数次。

眼球快速运动，脑波活动类似于清醒时，但肌肉却处于暂时性瘫痪状态。

这一阶段是做梦的主要阶段，对情感调节和记忆整合尤为重要。

典型的 8 小时睡眠周期

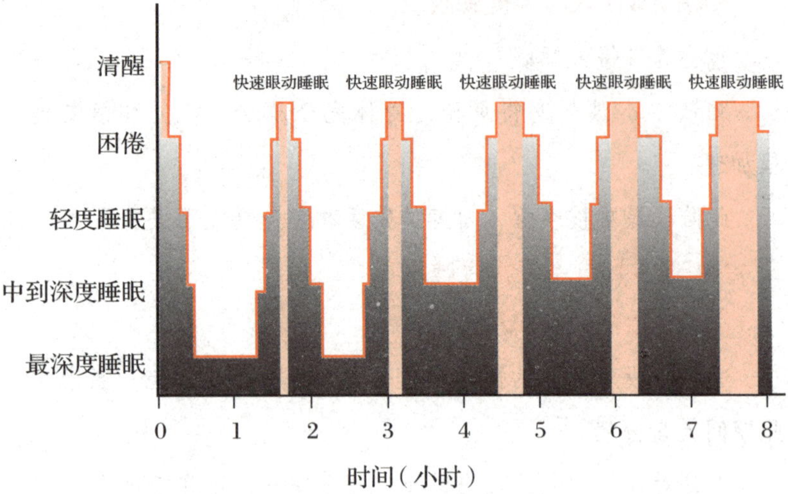

不同的睡眠阶段对记忆的形成、巩固和提取有着不同的影响。

REM 2 阶段

对程序性记忆（如骑自行车、弹钢琴等技能学习）有显著影响。

睡眠纺锤体被认为有助于信息处理和记忆巩固。

如果这个阶段的睡眠被打断会怎么样呢？其实，已经有研究人员做过相关实验了。

心理学家卡莱尔·史密斯曾经做过一次“转向”实验，他要求参与实验的人必须用非惯用手，用操纵杆来追踪电脑上的光点。这个其实很简单，就是用鼠标追着光点跑，大部分参与者都进步得相当快。可是，等入睡之后，实验人员故意打断了一部分人的 2 阶段睡眠，这部分人的掌握速度明显慢了下来。

所以，如果孩子们正在学习轮滑、骑自行车等，千万不要用闹钟随意打断他们的 2 阶段睡眠。

REM 3 阶段

这个阶段对陈述性记忆（如事实和事件的记忆）有重要作用。

慢波睡眠有助于将短期记忆转化为长期记忆。

深度睡眠期间，大脑清除代谢废物，有助于大脑恢复和功能优化。

这个阶段是巩固知识的关键。

REM4 阶段

这个阶段对情感记忆和创意解决问题有重要作用。

在 REM4 中，大脑重温并整理白天的经历和情感，帮助形成和巩固长期记忆。

做梦可以帮助大脑处理情感，并在无意识状态下解决复杂问题。

各位好爸爸，你们是不是也像我一样，只知道睡好觉对学习很重要，但没想到背后还有这么多“道道”？确实，睡觉无论是对孩子的身体发育还是学习成绩，都有很重要的作用。可是，对于很多爸爸和妈妈来说，怎么让孩子乖乖去睡觉，真是个老大难的问题。

我的经验是，最关键的是要理解孩子的需求和内心感受，尊重孩子的想法，同时以合理的引导和措施来帮助他们。对于所有的好爸爸来说，陪伴孩子成长的每一步，既是挑战也是机遇。希望这部分分享的记忆方法和睡眠技巧能为各位家长帮助孩子学习和成长提供一些有益的启发。

我不得不再次由衷地发出感叹：胡适先生说得太对了。“我要感谢你，因为有你的参与，我的生命才更完整。”在与孩子相处的过程中，我们的耐心、解决问题的能力、理解和共情能力总是在爱的滋润中不断成长，不是吗？

学习方法：用对方法，事半功倍

我们已经分享了很多原理性的东西，这部分内容是我收集的一些具体的，可操作性极强的学习方法，在世界范围内都经过了广泛测试和认可，希望能够帮助到孩子们。

固定性思维（Fixed Mindset）和成长性思维（Growth Mindset）

学习中有两种思维，即固定性思维和成长性思维。通过下面的这些方法，爸爸们能够分辨出孩子属于哪种思维模式。

固定性思维的孩子认为自己的能力和天赋是固定不变的，无法通过努力和学习改变。他们相信天赋决定了一个人的成功，如果遇到困难，往往会认为自己不够聪明或天赋不够。在面对困难或批评时，有这种思维的孩子会倾向于逃避，因为它们可能会揭示出自己的不足。在面对失败时，他们可能会感到沮丧、失望或无能为力，因为他们认为自己无法改变现状。

成长性思维的孩子相信基本的能力可以通过学习和持续的努力得到发展和提高，认为才智和能力是可以通过经验和教育不断进步的。这些孩子乐于接受挑战和面对失败，并将其视为学习和成长的机会。他们更注重学习过程中的进步和发展，而不是短期的表现成果。面对失败时，这些孩子会寻找解决问题的方式，并从中吸取教训，以便在将来取得更大的进步。

成长性思维与积极心态和持久努力密切相关，而固定性思维则可能限制个体的发展和表现。理解并培养成长性思维对于个人和组织的发展都至关重要，因为它能够促进创新、发展解决问题的能力和保持持续的学习动力。

想要培养孩子的成长性思维，爸爸们在平时一定要以鼓励和表扬为主，帮助孩子们一起克服困难，制订计划，让他们能够真正看到自己的改变。

集中模式（Focused Mode）和发散模式（Diffuse Mode）

孩子们的思维有两种模式：集中模式和发散模式。当然，我们也一样。对于孩子们的学习来说，并不是总要处于注意力集中状态的。

在集中模式下，大脑专注于深入的、具体的任务或问题。这时候，注意力集中在特定的目标或任务上，通常需要较高的专注和认知能力。在这种模式下，孩子们能够深入挖掘问题的细节，集中精力解决复杂的问题或学习新的知识点。

集中模式适用于需要深度思考、解决复杂问题或学习新的概念和技能的情境，如学习数学、解决工程问题或写作。

在发散模式下，大脑更多地处于放松状态，不专注于特定的问题，而是放开思维，进行更为宽泛和非线性的思考。这种模式下，孩子们会跳跃性地思考，将看似不相关的信息联系起来，从而促进创造性的思维和灵感的涌现。

发散模式适用于需要灵感、整合信息、解决棘手问题或找到新的解决方案的情境。例如，面对一个复杂而模糊的问题时，可以进入发散模式来激发新的见解和创意。

在孩子们学习知识时，集中模式可以用于深入理解和掌握细节，而发散模式则有助于将不同概念联系起来，形成更为综合和深刻的理解。换句话说，发散模式是创造力和灵感的源泉，而集中模式可以帮助孩子们将这些想法具体化和实现。

理解和灵活运用集中模式与发散模式，可以帮助孩子们更高效地学习、解决问题和创造新的想法。

刻意练习（Deliberate Practice）

◇ 刻意练习：是心理学和教育领域中一个重要的概念，强调通过有意识、专注和系统的方式来提高技能和能力。这个概念最初由心理学家安德斯·埃里克森（Anders Ericsson）提出，并在他的研究中得到了深入的探讨和验证。

◇ 有目的性：刻意练习强调学习者要有明确的学习目标和目的，清楚自己想要达到的技能水平或成就。

◇ 专注力：这种练习需要高度的专注和集中精力，避免分心或自动化的行为。专注力的集中能够帮助个体更快地发现和改正错误，提高技能。

◇ **反馈**：刻意练习依赖及时和有效的反馈。除了自我反馈之外，反馈还可以来自教练、导师或同伴，能帮助学习者识别错误、改进技能，并保持学习过程中的动态调整。

◇ **挑战**：练习要设定在学习者的能力边界之外，即所谓的“舒适区”之外，以促使学习者不断面对新的挑战和难度，从而推动技能的增长。

◇ **重复和持续**：刻意练习强调重复和持续的努力，逐步改进和加强技能。通过反复练习，可以将学习转化为长期的能力。

刻意练习适用于各种领域，包括体育、音乐、学术、商业等。无论是学习弹琴、提高体育竞技水平，还是开发创新能力，都可以通过刻意练习取得巨大进步。

我们可以通过下面的方法，帮助孩子们进行刻意练习：

◇ **设定明确的目标**：明确要学习或提高的具体技能和水平。

◇ **专注于过程**：关注每次练习的质量和效果，而不是仅仅完成任务。

◇ **积极寻求反馈**：主动寻求反馈和建议，及时调整和改进。

◇ **保持挑战**：不断挑战自己的能力边界，不断超越舒适区。

费曼学习法（Feynman Technique）

费曼学习法：是一种有效的学习和记忆技术，以物理学家、诺贝尔奖得主理查德·费曼（Richard Feynman）的名字命名。这种学习方法强调通过教授他人来加深理解和巩固所学知识。

选择一个主题：选择一个孩子们要学习的主题或概念。可以是任何学科或领域中的一个概念，无论是学术性的、技术性的，还是日常生活中的问题。

以简单语言解释：让孩子们用简单易懂的语言来解释这个主题，想象着自己是跟一个完全陌生的人对话，必须向他解释清楚这个主题讲的是什么。

识别和填补知识空白：在解释的过程中，孩子们会发现自己遇到一些无法解释清楚或理解的部分。这些空白或难点是孩子们需要进一步学习和理解的重点。

回顾和简化：回顾解释和理解，寻找简化或更清晰的表达方式。

费曼学习法通过尝试以简单的语言解释复杂的概念，能够让孩子们深入理解这些概念，并发现自己的知识空白。通过不断解释和回顾，还能够更有效地记住和理解学习的内容，而不止于表面上的记忆。更重要的是，在解释的过程中，还能提高孩子们的语言表达能力和沟通能力。

阅读方法

阅读是学习中非常重要的一部分，尤其是现在孩子的课程多，需要学习的知识也多。培根说：“有些书可以浅尝辄止，有些书要生吞活剥，而只有少数的书是要咀嚼与消化的。”

面对浩如烟海的书籍和资料，快速阅读是一项必备的技能。

基础阅读（Literal Reading）

基础阅读是最基本的阅读层次，主要关注文本的字面意思和表面信息。在这个层次上，读者主要是理解和获取文本中的字面意义和事实性信息。适用于中小学生和有阅读障碍的人群。

检视阅读（Inspectional Reading）

检视阅读是一种快速审视和理解文本的技术，强调在短时间内获取整体印象和主要内容。这种阅读方式适合于需要快速了解文本内容或者筛选信息的书籍。在检视阅读中，读者可以通过以下方式来获取信息：

★ 快速浏览章节标题、关键段落和主要内容。

★ 识别和理解文本的结构和组织。

★ 抓住文本的主要观点和论点。

检视阅读不要求深入细节，而是着重于快速获取文本的概貌和主要信息。

分析阅读（Analytical Reading）

分析阅读是一种深入理解和解析文本的方法，侧重于对文本内容和结构的深入探究。在这个阅读层次上，读者要进行逐段的分析和推理，以深入理解文本的复杂性和深层次含义。分析阅读包括以下步骤：

★ 识别和解释文本的重要术语、概念和主题。

★ 分析作者的论证和逻辑结构。

★ 探索文本中的隐含含义和象征意义。

分析阅读能够帮助孩子们理解文本的深层次含义和背后的意图，培养批判性思维和文学分析能力。孩子们平时学习语文所做的阅读理解就是分析阅读。

主题阅读（Syntopical Reading）

主题阅读是一种通过比较和对比多个文本来理解特定主题或问题的方法。在主题阅读中，读者从多个文本中提取相关信息和观点，并将它们放在一起，深入研究和评估特定主题的不同方面。主题阅读包括以下步骤：

★ 收集和整理多个文本中的相关信息。

★ 比较和对比不同作者的观点和立场。

★ 分析和综合不同文本对特定主题的贡献。

主题阅读可以帮助孩子们建立对某一主题的更全面和深刻

的理解，并促进跨文本的比较和综合思维。

举个例子，孩子想要了解霸王龙，我们就可以多找几本关于恐龙的书，让孩子们进行比较和分析，培养他们的阅读能力。

第四章

做个会理财的父亲：教给孩子生存的能力

需要与想要：教会孩子克制购买欲

钱的问题是事关生存的问题，必须从小就学会合理规划，这就是所谓的“财商”。

自己的钱能不能给人？当然可以。问题是要搞清楚，这些钱是借款还是赠予？如果是借款，什么时候还？如果是赠予，目的是什么？为什么要把自己的钱送给别人？还有很重要的一点，这些钱是从哪里来的，是自己的劳动所得，还是他人的劳动所得，在有使用权的情况下，有没有随意送给别人的权利？

钱是万能的吗？当然不是，完全不是。钱对于我们来说，意味着在社会上的生存能力和资源调配能力，它不能让你做所有想做和喜欢做的事，但却能让你在不想做某些事的时候，选择不做。钱能买来时间吗？当然可以，雇佣劳动，本质上就是用钱买雇工的时间。钱能买来健康吗？当然可以，好的医疗资源和健康资源都要靠金钱维持。我们都见过无数因为没有钱治病而放弃治疗的例子。钱能买到幸福吗？当然可以，钱可以让你按照自己想要的方式进行生活，这不是幸福吗？

但是，欲望是无止境的。古代有一首打油诗，非常有意思：

终日奔波只为饥，方才一饱便思衣。
衣食两般皆俱足，又想娇容美貌妻。
娶得美妻生下子，恨无田地少根基。
买到田园多广阔，出入无船少马骑。
槽头拴了骡和马，叹无官职被人欺。
县丞主簿还嫌小，又要朝中挂紫衣。
做了皇帝求仙术，更想登天跨鹤飞。
若要世人心里足，除是南柯一梦西。

叔本华说：人生就像钟摆，总是在无聊和痛苦之间来回摆动。欲望得不到满足时是痛苦的，欲望满足之后又是无聊的，接着又会有新的欲望产生。我们都在欲望的泥泞中龃龉前行，想办法去降低欲望，克制欲望。大人们如此，孩子们更是如此。毕竟，孩子们想买的东西也有很多，玩具、零食、衣服、鞋子、盲盒等。也正因为如此，购物成了一件让人很“上瘾”的行为。

为什么很多人会对购物上瘾，甚至买回来的东西完全没有用，还仍然守在直播间天天“买买买”？

一方面，当我们买到心仪的物品时，会感到一种满足感和成就感。这种满足感可以缓解日常生活中的压力和痛苦，带来短暂的快乐。另一方面，购物的行为会刺激大脑中的多巴胺分泌。多巴胺是一种与快乐和奖励相关的神经递质。当我们购物时，大脑中的多巴胺水平会升高，带来愉悦的感觉。这种感觉类似于其他愉快的体验，比如吃美食或运动。

然而，购物的欲望是真实的吗？或者说，你买到的东西真的是你需要的吗？

现代人的购物欲，有一来源于消费主义的方面塑造。很多商家通过广告、媒体和市场营销，不断地向我们灌输消费主义的观念。广告通过各种方式告诉我们，拥有某种商品可以让我们更幸福、更成功或更有魅力。这些信息不断地刺激我们的欲望，让我们产生购买的冲动。即使这些商品并非我们真正需要的，广告也会让我们觉得它们是不可或缺的。

有时候，我们自己也会创造出新的需求。这种自我创造的需求可能源自我们的虚荣心、攀比心理或是对自我价值的追求。我们看到朋友或名人拥有某种商品，便会觉得自己也需要拥有，以此来提升自我形象或满足虚荣心。

我有一段时间特别想买一个Kindle（就是亚马孙出的电子书）。平时我都是看纸书，不方便拿书的时候，就在手机上看电子书。那段时间，我怎么看手机怎么不顺眼，每天打开购物软件，翻来覆去地看各款kindle，在各大网站上看各种各样的评测，听用户讲这玩意有多好用、有多省心。于是，我一咬牙、一跺脚买回来了。

没错，很惭愧，我也是一名“泡面党”，我承认Kindle

最大的用处就是盖泡面碗。这就是我给自己凭空创造出来的需求，是我想要的东西，而不是我需要的东西。

杨绛说:“无论人生上了哪一层台阶，阶下有人在仰望你，阶上亦有人在俯视你；你抬头自卑，低头自得，唯有平视，才能看到真实的自己。”

所以，作为爸爸，我们要明确地告诉孩子两件事。第一，钱不是万能的，但没有钱是万万不能的，然而金钱绝不是人生最重要的追求,它只是在你努力做好自己的事情之后的附加品。过分依赖金钱或追求金钱，可能会忽视生活中更重要的东西，比如家庭、友情和内心的满足感。第二，欲望是无穷无尽的，要知道懂得节制和克制，分清楚什么是自己想要的，什么是自己需要的。

在这个前提之下，我们再对孩子们的购买需求进行划分。

就像胡适说的：“我养育你，并非恩情，只是血缘使然的生物本能。”鲁迅也说过类似的观点：“饮食的结果，养活了自己，对于自己没有恩；性交的结果，生出子女，对于子女当然也算不了恩。——前前后后，都向生命的长途走去，仅有先后的不同，分不出谁受谁的恩典。”

在此，我要再次重复一句“大逆不道”的话：父母生育子女，对于子女来说不算有恩，只是生物关系的使然，是义务。相反，如果父母生而不养，在道德上将受到批判，在法律上则构成遗弃罪。

所以，对于孩子们需要的东西，父母有义务提供，且坚决不能以“我对你有恩”的叙事去对孩子进行“愧疚式”教育，把“我们这么辛苦都是为了你”挂在嘴边，让孩子从小生活在负罪感中。这是我们作为父母的义务，既然是义务，那就是必须做的，不附加任何条件的。有人可能会说：“如果没有我，能有孩子吗？这不是恩情是什么？”这样问，那孩子们也有话说了：“你生我征求我的同意了吗？我同意你们把我带到这个世界上了吗？”责任和恩情是两种不同的概念。责任是必须履行的义务，而恩情则是超出义务的善意行为。

什么是孩子需要的东西呢？从物质方面来说，包括安全的生活环境、健康饮食、衣食住行和充足的睡眠、医疗保健；从情感方面来说，包括爱与关怀、尊重和理解、平等交流；从认知发展层面来说，包括教育和学习机会、思维能力和解决问题能力的培养、社会交互、情感管理等。

什么是孩子想要的呢？孩子希望得到的东西，并不是成长和生存的基本要求。这些东西通常与个人兴趣、喜好和娱乐有关。这些需求的缺失不会对孩子的基本生活和健康造成直接的负面影响。比如，孩子想要盲盒，想要玩具（在已经有很多玩具的前提下），这些就是想要的。

对于金钱的管理，实际上就是对自身欲望的管理，如果一个孩子从小就能懂得适可而止，那么，他今后的生活无论是什么样子，无论是贫穷还是富贵，都能自得其乐。毕竟，谁能保证自己或自己的孩子富贵一生呢？就连皇帝都不能，何况我们普通人？作为爸爸，一定要让孩子先分辨什么是想要的，什么是需要的，再制订相应的策略。

那么，孩子想要的东西就不给他买了吗？当然不是。

有一个基本原则：想要的东西，要用自己的钱去买。元代杂剧《看钱奴》中有一段很有意思的话："尊神，这等穷儿乍富，瞒心昧己，欺天诳地，只要损别人安自己，正是一世儿不能够发迹的。""穷儿乍富"就是一个穷人忽然有了很多钱，于是再也抑制不住自己的欲望，不知天高地厚，四处挥霍。我就有这样的经历，相信各位爸爸多多少少也听说过类似的故事，比如某某地的拆迁户吃喝嫖赌，一年败光拆迁款。

与管理电子设备的方式一样，想让孩子对金钱有意识，有能力管理金钱，就要先给孩子们充足的钱，让他们有管理的条件和自由，引导他们正确使用金钱，知道什么是需要的，什么是想要的。只有这样，才能从小养成理性消费的习惯，学会与自己的欲望和平相处。

穷养和富养：千万不要掉进富养陷阱

前几年，网上有个话题炒得很火：女孩要富养，男孩要穷养。

这背后的逻辑是，家长为女孩提供优越的物质条件和教育资源，让她们在舒适的环境中成长，从而具备更高的社会地位和自信心，这样她们见过世面，就不会因为一点点好处就喜欢上“黄毛”。男孩要在相对贫困或简朴的环境中成长，在艰苦的条件下锤炼意志力和独立性，从而具备坚韧的品格和生活能力。

这个说法有一定的道理，但也有很大的问题。

一方面，现代社会越来越强调性别平等，认为无论男女，都应该在相同的条件下获得教育和发展机会，不应该将性别作为对待孩子教育的依据，而应该关注每个孩子的个性、兴趣和需求。

另一方面，穷和富是一个相对的概念，也就是说，只有对比才能产生穷富的差距。和世界首富相比，每个人都是穷人。但是和我这样的“穷光蛋”相比，所有人都是富人。所以穷养和富养本身就是一个陷阱。

前几天看了一个帖子，一位学生发帖说，暑假是“弯道超车”的好机会，自己一定要抓紧时间认真学习，实现“赶英超美”的宏伟目标。然后，一个“富二代”在评论区晒出了自己的“零花钱”余额，高达30多万元，并配文说：“弯道超车？你一辈子也没有机会超过我。”是啊，有的人出生就在“罗马”，住在豪华大别墅，一日三餐都有保姆，“坐不垂堂”，有人生来就是“牛马”（比如我），连稍微好一点儿的学校都进不去，而且这部分人才是大多数。

2023年，中国居民人均可支配收入为3.92万元，乍听起来好像挺多，但什么数据一平均就失去了意义。2024年，在第46届清华大学中国与世界经济论坛上，清华大学中国经济思想与实践研究院研究员李冰介绍了另一组数据：全国有9亿人人均可支配的月收入并不高，中位数不足3000元。与这个数据相对的，是夸张的负债率。央行公布的数据显示，截至2022年年底全国负债人数达7.8亿人，人均负债13.34万元。

所以大多数人的日子并不好过。这样的环境下，什么叫富养？让孩子住进大别墅，出门有司机，吃饭有保姆，穿名牌，上名校，假期去“欧洲七日游”，这样才算富养吗？如何才能富养？花光所有积蓄，贷款让孩子去游学、去旅游、去报各种培训班吗？实际情况是，很多人倾尽全力只能保证生活，怎么富养？难道无法富养就不是一个合格的爸爸吗？

当然不是。富养本身就是一个伪命题，是消费主义构筑出来的一个陷阱，消费主义文化鼓励通过物质消费来解决问题和满足需求。商家们通过制造焦虑、炒作“富养”的概念，使家长们感到只有通过大量消费才能确保孩子的成功和幸福。这种营销手法利用了家长对孩子未来的担忧，促使他们花费大量金钱购买各种商品和服务。

“富养”将孩子的成功与物质条件直接挂钩，忽视了教育和成长过程中更为重要的因素，比如情感支持、价值观培养和个人努力。它将孩子的需求简化为对物质条件的追求，而忽略了孩子的个体差异和真正的成长需要。

很多家庭为了追求所谓的“富养”面临着巨大的经济压力，甚至负债累累。这种过度消费不仅对家庭财务造成负担，也会影响孩子的消费观念，导致孩子产生对物质的依赖，人为放大对物质的渴望，这难道是爸爸们希望看到的结果吗？

所以我在此要旗帜鲜明地对“富养”提出反对和批判，呼吁各位好爸爸从这个陷阱里跳出来。我所理解的“富养”是让孩子们懂得如何管理金钱，如何更有效地利用金钱。

与富养、穷养相对应的是见世面。有件事我印象特别深，在网上曾引发极大讨论热潮。具体的时间我记不太清楚了，大概是说，教材上频繁提到少年宫，但很多生活在农村的孩子从没见过少年宫，也不知道那是做什么的。类似的还有地铁、动物园、儿童剧场、科技馆……这些东西对于很多农村孩子来说，都见所未见、闻所未闻，向他们强调这些元素还有什么意义呢？

老实说，在城市生活了这么多年，我至今仍然不知道少年宫是做什么的。前几年有个流传甚广的帖子，光是标题就很“扎心”：《我奋斗了18年才和你坐在一起喝咖啡》。

但我们似乎忽略了一个问题，其实这个问题是双向的，城市的很多孩子也一样对秋收、田野、小麦和蔬菜苗没有概念。

那么，什么是见世面呢？我个人所理解的“世面”，就是一个人通过经历不同的事物和环境，拓宽视野、增长见识。这些见识不一定非要通过大量金钱才能达成。比如，到公园里认识植物和花草，到动物园里观察动物，看空中的鸟儿飞过，看山、看水，到图书馆看书，这些都不需要有多富有。

我认识一位老师，他的做法对于各位爸爸很有借鉴意义。这位老师姓尹，专门教小朋友们写作。他的方法更加有趣，每隔一段时间，他就会把一位特定职业的代表请到课堂上，有修鞋匠、开锁师傅、理发师、外卖员、快递员等，让他们在课堂上给孩子们展示自己的技艺，然后让孩子们去观察、去描写。有时候，尹老师还会把虫儿、鸟儿带到课堂上，给孩子们介绍它们的习性，让孩子们去写。这样的方式，难道不是见世面吗？

一位孩子写道：“我们把理发师请到了课堂上，让学生近距离感受高超的理发技术！孩子们说刘师傅的技术太牛了，应该叫‘牛师傅’，他是我们身边的大侠，更是理发界的大师，一技在手，走遍天下！”

见世面，是让孩子接触到不同的事物和环境，帮助他们开阔眼界，对世界有更全面的理解；是接触不同的生活方式和社会背景，帮助孩子理解和尊重其他人的生活方式和工作；是培养孩子们解决问题的能力、创造力和社交能力。这些能力的培养不依赖于物质条件，而是通过实际的体验和观察来实现的。

见世面并不一定需要昂贵的消费。很多有价值的体验可以通过低成本的方式实现。各位好爸爸，千万不要被物质“绑架”，错过了带孩子们见世面的最佳时间。

性价比：贵是相对问题

不知道各位好爸爸有没有跟我一样的感觉？我现在花钱是越来越省了。拿我自己的经验来说，前几年隔三岔五带孩子出去吃顿饭，每次花个一二百块钱觉得很正常，毕竟不是每顿饭都这么吃，心里也觉得无所谓。有时候“兴之所至”，还会在某家餐厅充个卡，想着反正以后还会来。给孩子买衣服，感觉只要不上百就很便宜，上百块的也能接受，有时候甚至会花几百块。至于给孩子买书就更舍得了，为知识付费嘛。

可不知道从什么时候开始，忽然肉眼可见地“抠搜”了。能在家里吃，坚决不在外面吃，一家人出去吃饭超过50块就觉得很贵。给孩子买衣服，能在网上买，坚决不在实体店买，就算买，也要货比三家，买大一号的，毕竟孩子长身体。更夸张的是，过去对于购物平台的什么复杂的优惠呀、活动呀从来不怎么研究，可现在，经常刷一刷商城，买一分钱的东西。

是不是因为赚的钱变少了？可能是，但更重要的原因是，我们对未来的信心好像没有过去那么充足了。换句话说，我们对于能够持续获取金钱的预期变了，就像凛冬将至的松鼠一样，每个人都把“松果”藏起来，准备迎接寒冬了。所以很多人都越来越追求性价比了，能花一块钱解决的问题，绝对不花两块钱。

我见过很多人，拼尽全力想要给孩子最好的。什么是好的呢？“一分价钱一分货”，越贵的东西当然就越好。可是，跟贫穷和富贵一样，贵也是个相对的概念。所谓的性价比，就是用最少的钱达到最好的效果，这也是财商教育很重要的一部分。

财商就是一个人管理和运用金钱的能力。对于孩子来说，财商教育不仅仅是让他们懂得如何省钱，更是培养他们正确的金钱观念和消费习惯，让他们在未来的生活中能够更加自信和从容地面对各种经济挑战。

赚钱不分年龄：从小培养赚钱意识

小时候，家长最常跟我说的一句话是："钱的事情你不用管，安心上学，考上好大学比什么都重要。"在这句话的不断熏陶下，我形成了一种惯性思维：学生就应该学习，赚钱是大人的事，跟我没有任何关系。

与这句话类似的还有另外一句："上学期间，除了学习什么都不许想，什么都不许做，只需要把学习搞好。"仿佛作为一个学生，就像是被关进了"象牙塔"，和社会完全脱节了。可是这类话矛盾的地方在于：一个毫无赚钱能力、没有任何社会经验的学生，在踏出校园的那一刻，似乎瞬间就完成了身份上的转变，从一个只会学习的"机器人"，立刻变成了精通职场规则、拥有赚钱能力、懂得财富管理的"社会人"。不仅如此，他还要在被严格禁止早恋的前提下，立刻学会和异性相处，懂得什么是爱，并且在极短时间内把对象带去见父母。

这样的说法是对身份的一种极度简化，忽略了其中的复杂性和现实性。

我很感激我的父母，他们为我操劳半生，把自己能拿出来的最好的东西都给了我。但是，这样的教育方式当下确实已经不合时宜。它除了会产生我们上面提到的问题之外，还会产生很多其他的问题。

在这样的叙事框架下，孩子们被动地依赖家长和社会提供的经济支持，从未亲身体验过赚钱的过程，对金钱的来之不易缺乏切身感受。因此，一旦面临经济压力或独立生活的挑战，就会感到无力和迷茫。

因为从小只被鼓励学习，而不被允许接触社会或参与经济活动，孩子们会对自身的社会价值产生困惑。他们或许会感到自己只在学习上是个有价值的人，而在实际生活中显得无能为力，一旦学不好，或者没有考上家长眼中的好大学，就会面临价值体系崩溃的风险。这种自我价值的困惑会在他们步入社会时变得更加明显。

因为从小就依赖父母的经济支持，学生可能会对父母产生深深的亏欠感。他们可能会觉得自己未能为家庭做出实际的经济贡献，只是在不断消耗家庭的资源。这种亏欠感会随着年龄的增长和经济压力的增加而加剧。

在学校和家长只关注学习而不关注实际生活技能的教育方式下，孩子们对未来充满不安，担心自己在步入社会后无法独立生活、无法适应职场、无法管理自己的财务等，这种不安感会进一步影响到他们独自面对生活的信心。

所以，赚钱虽然是家长们的责任，但也要从小告诉孩子们，赚钱是一项生存技能，它没有一个明确的时间节点，如18岁、毕业后等，而是从小就要有赚钱的意识，要想办法通过自己的劳动去获取收益。它不是一时兴起组织的形式大于内容的义卖活动，也不是在家庭内部以“游戏”方式存在的，而是通过日常活动潜移默化，将赚钱的意识深深烙印在孩子们心中，如同“思想钢印”一样的存在。

让孩子树立赚钱的意识并不是一件容易的事情。下面是我自己总结的一些经验和具体的方法，希望能够对各位好爸爸、好妈妈有所启发。

建立奖励系统

设立一些家庭任务，如洗碗、打扫房间、整理玩具等，并为每项任务设定相应的报酬。通过完成这些任务，孩子可以赚取零花钱。这让孩子明白，付出劳动可以得到回报。但有一点需要注意，作为家庭成员，家务是每个人都应该做的，无论是爸爸妈妈，还是孩子，所以我们提前就把家务分配好了。比如，洗碗、洗衣服这些是爸爸妈妈的家务，扫地、拖地是孩子的家务，他只有在替我们完成家务时才能获得报酬，也就是通过替别人完成劳动来换取金钱回报。

通过劳动在市场获取报酬

童诗和文章是两个极端，苏霍姆林斯基说：“每个孩子都是天生的诗人。”我非常认同这句话。孔子也说：“诗三百，一言以蔽之，曰思无邪。”孩子们的心灵纯真，总是能想到一些大人们想不到的、奇奇怪怪又妙趣横生的点子去切入生活。家长可以帮孩子们投稿赚钱。

现在很多社区和商场在周末会组织跳蚤市场的活动，邀请附近居民将家中旧物摆摊售卖或置换，很多孩子会将自己的旧玩具、书本等物品摆出来，是培养孩子财商的非常有效的一种方式，不仅能收获很多快乐，还可以和其他小朋友互动，学会简单的经营技能。虽然收入不高，很多时候甚至没有收入，但至少他们心里有了自己赚钱的意识，并且知道哪些商品畅销、哪些物品不好卖。对于孩子们来说，这就够了。

会赚钱还要会攒钱

从小教孩子一些基本的财务知识，如存款、利息、预算等。让孩子学会如何管理自己的零花钱，制订每周或每月的花费计划。还可以帮助孩子设定储蓄目标，比如买一本喜欢的书或一个心仪的玩具。孩子可以通过完成任务和存钱来实现这个目标，体验到攒钱带来的成就感。还可以通过理财类的桌面游戏或手机游戏，帮助孩子在娱乐中学习理财知识和技巧。这些游戏可以让孩子在虚拟环境中体验投资、储蓄、消费等不同的财务决策。

攒钱和花钱一样，都是会“上瘾”的。每次看到自己的存款增加，都会激活大脑的奖励机制，分泌多巴胺，带来愉悦感。长期下来，攒钱的行为和这种愉悦感之间就会形成强烈关联。另外，我们攒钱时总会有一个长期目标，每当看见余额增加时，我们的脑海中就会不自觉地浮现出已经实现那个目标的画面，这些都是攒钱带来的快乐。

风险意识必不可少

向孩子解释什么是风险，以及生活中可能遇到的各种风险，如意外事故、财务损失等。通过真实或虚构的案例，让孩子了解风险的后果和防范措施，如不要轻信陌生人的话、不随便透露个人信息等。这些具体的例子相信大家在生活中都能找到对应的，因为涉及具体人和事，在这里就不和各位好爸爸分享了。

实际体验与反思

定期与孩子分享自己的工作经历和赚钱经验，讨论赚钱过程中遇到的困难和挑战，让孩子了解赚钱的不易和劳动的价值。

帮助孩子总结每一次赚钱活动的收获和不足，鼓励他们反思和改进，在反思中培养自己的商业意识和问题解决能力。

第五章

做个高"双商"的父亲：逆商和情商同样重要

逆境中的坚韧：教会孩子面对失败

人类天生厌恶失败，这种厌恶是刻在骨子里的，写在基因中的。在原始环境中，早期人类的生存主要依赖于获取食物和避开危险。成功地狩猎或采集食物直接关系到个人和家族的生存。而失败则可能导致资源的缺乏，甚至可能使得个人和家族面临饥饿或生存威胁。因此，失败的后果是非常严重的，会直接影响到生存的机会。

为了应对这种威胁，进化过程中，个体对失败的反应逐渐演变为一种强烈的情绪体验。这种反应包括情绪上的不适、心理上的挫败感，甚至生理上的不适，比如压力激素的分泌增加。这些情绪反应不仅是对失败的直接反馈，还能促使个体在未来的行为中更加谨慎，避免重蹈覆辙。

然而，失败总是无可避免，甚至成了很多爸爸生命的常态，比如我。好在我们已经脱离了原始的丛林社会，失败的后果并没有那么严重，也绝非无可挽回。比起如何成功，如何面对失败才是我们应该教会孩子的。

我个人在成长过程中是缺少失败教育的，大人们总是会习惯性地为我描绘未来的美好蓝图。母亲会告诉我：“你看你舅舅多厉害，靠自己的努力考上大学，考上了研究生，现在都当教授啦。”

父亲是个极度乐观的人，他总是告诉我：“咱们家很有钱，你不用为钱的事操心，有我和你妈呢。”乐观到什么程度呢？我印象最深的一次，柜子里只剩下了10块钱，那是一个夏天，他穿着背心，躺在炕上，忽然爬起来说：“咱们隔壁村有大集呢，走，我带你们赶集。”于是把所有的钱拿上，骑着那辆老摩托，带着我和妈妈把所有的“家产”挥霍一空，之后就出门去了很远的地方。他做过很多生意，非常多，我印象中就不下10种，贩卖过贝壳酥、山寨饮料、海蜇丝、蛋糕，还贩卖过大葱、白菜，但始终没能实现自己的远大理想。不过，他始终不认命，认为自己一定能够成为大老板，屡战屡败，屡败屡战。

很多孩子对失败极度敏感，敏感到了“风声鹤唳，草木皆兵”的程度。尤其是当我们能够轻易达成一个目标却最终未能实现时，心理上的挫败感通常会加倍。告诉孩子，机会是留给有准备的人的，只有认真对待每次机会，保证万无一失，才能把握住机会。我们生命中的机会本就不多，一旦因为粗心大意浪费了，事后再怎么后悔都没有用。

对于孩子们来说，决定他们最终成就的，并不是智商，也不是学习成绩，而是逆商商数（Adversity Quotient，简称“逆商”），即如何面对失败，以及从失败中总结经验、吸取教训的能力。

在心理学上，逆境是指一个人面对逆境、压力和挫折时的适应能力和反应水平。

逆商主要包括 4 个核心要素：

掌控感：在面对逆境时，一个人能否保持冷静，是否认为自己能够掌控局面。

担当力：在困难面前，一个人是否愿意承担责任，而不是将责任推卸给外界或他人。

持续性：面对挫折时，一个人是否具备持久的毅力和耐力，不轻易放弃。

影响力：在逆境中，一个人是否能够保持积极乐观的态度，

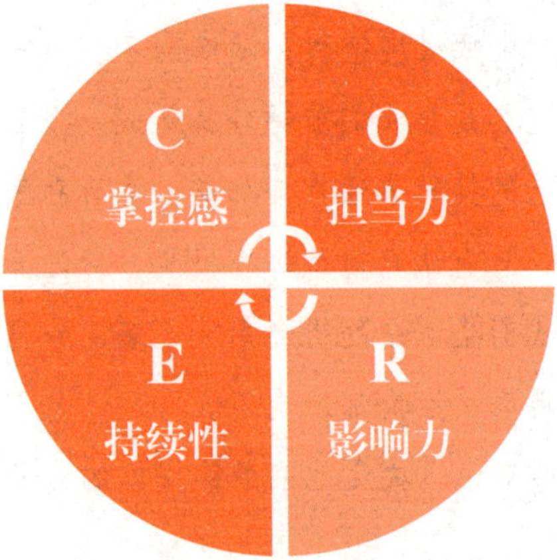

相信未来会有所改观。

逆商直接影响一个人如何看待和处理失败与挫折。拥有高逆商的人通常能够迅速从失败中恢复，找到解决问题的方法，并从中学习和成长。这种能力不仅帮助他们在职业生涯中取得成功，还帮助其在个人生活中建立起强大的心理韧性。

下面是我自己总结的一些经验和实用方法，分享给各位好爸爸们。

掌控感

当孩子遇到困难时，引导他们分析问题并找出解决方案，而不是立即给出答案。帮助孩子设立切实可行的小目标，并逐步完成。这种成功体验可以增强他们的控制感和自信心。在日常生活中，让孩子有更多的选择权。例如，选择做什么活动或如何完成任务。这会让他们感受到自己的选择对结果有影响，增强掌控感。

还有一种很有用的方法，就是把失败和成功分门别类，分为有效失败、无效失败，有效成功、无效成功。

有效失败：指的是那些能够带来积极结果或重要教训的失败。这种失败虽然令人沮丧，但它能够促使人们反思、学习和成长。例如，孩子考了低分，但是却通过考试找到了失败的准确原因，能够避免之后再出现类似的错误。

无效失败：则指的是那些由于粗心大意、缺乏准备或重复同样错误而造成的失败。这种失败没有带来任何积极的变化或成长，反而可能导致自信心下降和其他负面情绪。比如，我老爹的失败就是无效失败,因为每次做的事情虽然看上去不一样,但几乎都是在重复同样的过程，用同样的方法和思路。

有效成功：不仅指取得目标和结果，还包括通过正确的方式和方法达到目标。这种成功带来的不仅是成就感，还有宝贵的经验和进一步发展的动力。

无效成功：指通过不正当手段或偶然因素取得的成功。这种成功虽然达到了表面的目标，但可能导致长期的负面影响，如失去信誉、错失学习机会等。例如，考试作弊取得高分，这种成功不仅不值得骄傲，还会影响孩子之后的成绩。

担当力

作为家长，首先树立一个承担责任的榜样。如果你自己在面对挑战时表现出积极的态度和承担责任的行为，孩子会受到影响并模仿这些行为。

当孩子遇到问题时，鼓励他们反省自己在问题中的角色和责任，而不是责怪他人。帮助他们识别自己可以改进的地方，从而培养责任感。

当孩子表现出愿意承担责任的行为时，也要给予积极的反馈和奖励，激励他们在未来继续承担责任。

持续性

通过一些需要耐心和持续努力的活动（如完成拼图、学习乐器等）来培养孩子的毅力。鼓励他们在遇到困难时不要轻言放弃，而是努力坚持。与孩子一起设立长期目标，制订实现这些目标的计划。定期检查进展，鼓励他们在遇到挫折时继续努力。比如，打高难度游戏就是一个非常好的办法。《双人成行》和魂类游戏都很不错。

与孩子分享成功人士的故事，特别是那些经历过重大挫折但最终成功的人。这可以激励他们相信持续努力的重要性。

影响力

安抚孩子们的情绪，让他们快速从失败的阴影中走出来。与孩子讨论逆境中的积极方面和可能的解决方案。教会他们如何从负面事件中找到积极的角度，汲取经验，不断进步。

鼓励孩子相信自己有能力克服困难。通过成功的小经历和正向的鼓励，帮助他们建立对未来的信心。

逆商是决定一个人成就的重要因素，而正确理解有效失败和成功与培养面对失败的能力，都是培养高逆商的关键。通过正确的教育和引导，相信各位好爸爸一定可以帮助孩子建立积极的失败观，提供情感支持，让他们在面对失败时更加从容、自信，并从中学到宝贵的经验和教训。这种能力不仅会让他们在生活中更有韧性和适应力，还将成为他们追求成功的重要基石。

情绪管理：如何做孩子情绪的稳定器

过去，我们总是能听到一种说法：现在的孩子，真是一点苦也吃不了，想当年我们那代人如何如何苦、如何如何累，现代如何如何等。当时的“老人们”甚至给80后、90后贴上了“垮掉的一代”这样的标签。

现在，我们这一代人终于长大了，却不忍心给现在的孩子贴类似的标签。我想说，现在的孩子真是太让人心疼了。

《2023年度中国精神心理健康》蓝皮书显示，学生群体的心理健康问题日益突出，且呈现出低龄化的趋势，“高中生抑郁检出率为40%，初中生抑郁检出率为30%，而小学生的抑郁检出率为10%”。

2021年3月，中国科学院心理研究所发布的《中国国民心理健康发展报告（2019—2020）》显示，我国青少年抑郁检出率为24.6%，其中重度抑郁为7.4%。

当然，还是有人会说：现在的孩子就是娇气，动不动就要死要活的，我们当年那么大的压力，怎么就没见那么多抑郁症呢？这种说法，属于既缺乏心理学常识，又缺少基本的人文关怀。现代孩子面临的心理健康问题并不是简单的“娇气”或“软弱”可以概括的，而是与社会变迁、压力环境、认知水平等多方面因素密切相关。

一方面，过去的社会环境和生活条件与现在大相径庭。在以往的时代，虽然生活条件较为艰苦，但心理健康问题的识别和记录不如现在全面和深入。那时候的心理健康问题往往被忽视或未被充分了解，很多症状未被及时诊断。因此，过去的心理健康问题可能被隐藏在了“坚韧”或“忍耐”的外衣之下。

另一方面，现代社会对孩子的压力来源多样化。学习压力、考试压力、家长期望、社会竞争等因素，尤其是来自教育的高压力，对孩子心理健康造成了巨大的影响。加之社会对成功的定义越来越狭隘和高标准，孩子们的心理负担更重，这种压力不仅来自家庭，还来自学校和社会。

关注孩子的健康问题，不仅仅要关注身体健康，更要关注心理健康。我们几乎每天都能看到抑郁症造成危害的新闻，这绝非危言耸听，而是实实在在存在的问题。

前段时间有一则新闻，一个15岁的女孩得了抑郁症，爸爸大骂其“矫情”，丝毫没有意识到这是一种需要治疗的疾病。更过分的是，这位爸爸还在网上发帖大吐苦水：“我很生气，骂她说我们这个家迟早要被你拆散，我不知道还要怎么将就你……我觉得抑郁症就是没有意志力的人才会得的病，她干什么都没有毅力，就是矫情，我告诉她你要再不好起来我们这个家都要完了，钱也花了很多，我的压力也很大啊，她为什么就不体谅我，赶快好起来呢？”

代入一下这个女孩儿的处境，这样的爸爸简直令人窒息。对于当前孩子的心理健康问题，我们作为爸爸，更需要从人文关怀和科学的角度，为孩子们提供支持和帮助，尤其是及时发现和舒缓孩子们的负面情绪，引导他们摆脱心理阴影。

当下互联网很流行一个词，叫情绪稳定，大意是一个人在面对生活中的各种情况和挑战时，能够保持情绪的平衡和持久性，不容易被外界的刺激或内部的波动所影响。

◇ **情绪的平衡性：**能够维持正面情绪和负面情绪的平衡，不会因为小的挫折或压力而剧烈地波动情绪。

◇ **情绪的适应性：**能够根据不同的情境适当地调节自己的情绪反应。

◇ **情绪的持续性：**在长时间内能够维持相对稳定的情绪状态，而不是频繁地经历情绪的急剧变化。

◇ **情绪的控制力：**能够自我控制和调节情绪反应，不让情绪失控。

情绪稳定是个相对的说法。对于爸爸们来说，在跟孩子们相处时，要尽量保证自己的情绪稳定，不要因为情绪波动给孩子带来压力，尤其是不能歇斯底里，这样容易给孩子造成心理阴影。

有些爸爸平时跟孩子相处时总是很平和，但一遇到事情就容易烦躁不安，把工作情绪带到家里，看谁都不顺眼，就连路过的狗都要“挨上几巴掌”。还有的爸爸喜欢发脾气，孩子有一点儿不对，马上就大声呵斥，严厉指责，把发脾气当成表现威严的方式，着急的时候，甚至还会“抽出七匹狼”。这些爸爸们相信“棍棒底下出孝子”，教育孩子最好的方式就是打骂，但却没有想到，这样会给孩子造成极大的心理阴影。

其实，这些都是情绪不稳定的表现。这样的爸爸就像“炸药桶”一样，孩子们长期生活在这种家庭环境中，会面临很大的心理压力，总觉得身边有个不稳定因素，不管做什么都要小心翼翼，生怕有一点儿不对就会迎来一顿劈头盖脸的指责和打骂。久而久之，一部分孩子就形成了讨好型人格。

爸爸们要情绪稳定，但对于孩子来说，情绪稳定实在是个“伪命题”。我记得小时候上学有个经典名句，同学们写作文时经常引用：六月的天，小孩子的脸，说变就变。孩子的情绪本来就是不稳定的，这是由客观事实决定的，而不是他们是否愿意控制自己的情绪。

从心理学的角度来说，造成小孩子情绪不稳定的原因主要有以下几个方面：

孩子的大脑发育尚未完全成熟：负责情绪控制和调节的大脑部分，特别是前额叶皮质还处于发展阶段，所以他们难以像成年人那样有效地控制自己的情绪反应，容易在面对外界刺激时表现出剧烈的情绪波动。

孩子的语言能力和表达能力有限：他们往往无法用语言准确地表达自己的感受和需求，这就容易导致情绪的积压和爆发。比如，孩子在还没有语言能力的阶段，感到饥饿、疲倦或受挫时就只能通过哭泣、发脾气等方式来宣泄情绪。有了语言能力，但逻辑思维和表达能力没有那么完善时，孩子也只能通过情绪来表达自己的想法。

孩子对自我和他人的认知尚未完善：他们还在学习理解自己和他人的情绪及社交规则。在这个过程中，孩子们会经历许多情绪上的困惑和波动，在遇到挫折或冲突时，就更容易表现出情绪不稳定。

环境和教育方式也会影响孩子的情绪稳定性：如果孩子生活在一个紧张、不安或缺乏安全感的环境中，他们的情绪波动会更加频繁。相反，一个温暖、支持和稳定的家庭环境有助于孩子情绪的稳定发展。

孩子有情绪时，很多爸爸都会感觉很烦躁，想让孩子的情绪立刻转变过来。比如指责孩子：“带你玩了一天，你凭什么不高兴？”“一天就知道哭，哭有什么用？”“考得这么差还好意思哭？”

他们为什么会抱有这样的想法呢？因为他们在用成人的眼光看待孩子，认为人应该控制自己的情绪，不能随意表露出来。还有一个很重要的原因，就是他们把“实用主义”作为生活的解药，认为情绪不仅没法解决问题，还会带来更多的烦恼。

大人的世界确实是这样的，可孩子的世界完全不同。孩子们可以欢笑、玩闹、奔跑，当然也可以哭、可以伤心、可以烦恼，这是孩子们的天性，是他们与生俱来的权利，大人不能剥夺。

孩子有情绪应该以发泄和疏导为主，而不是压制。压制情绪可能会导致情绪的积压，进而引发心理问题。孩子长期压抑情绪还可能会导致焦虑、抑郁等严重后果。

而通过发泄和疏导情绪，孩子可以逐渐学会识别和理解自己的情绪。这是情感认知和调节机制发展的重要过程。爸爸可以在孩子发泄情绪时，通过共情和指导，帮助孩子认识到不同的情绪状态，并教会他们适当的情绪管理方法。

爸爸首先应该理解并接受孩子的情绪反应，给孩子提供一个安全的表达环境。当孩子表现出情绪波动时，不要急于批评或否定，而是要耐心倾听，试图理解他们的感受。比如，当孩子因为某件事而哭泣时，可以抱住他们，轻声询问发生了什么，告诉他们哭是可以的，但重要的是要找到解决问题的方法。

爸爸还要教孩子认识和命名自己的情绪。通过讲故事、看绘本或玩游戏等方式，让孩子学会区分和表达不同的情绪。比如，可以使用情绪卡片，让孩子指出自己当前的情绪，并用简单的词语描述出来。这样，孩子能够逐渐学会用语言表达自己的感受，而不是通过行为来宣泄。

在孩子情绪爆发时，爸爸首先要自己保持冷静，并示范如何处理情绪。例如，当孩子发脾气时，家长可以先深呼吸，示范如何冷静下来，然后用温和的语气引导孩子一起深呼吸，逐步平复情绪。通过这种方式，孩子可以学习到情绪调节的方法，并在未来的情绪波动中加以应用。

爸爸还可以通过日常互动和游戏，教孩子解决问题的技巧。例如，通过角色扮演游戏，让孩子在模拟的情境中练习如何处理冲突和挫折，学会用积极的方式应对挑战。这样，孩子在现实生活中遇到类似问题时，就能更从容地处理，减少情绪波动。

下面是孩子们在生活中常见的一些负面情绪，以及对应的安抚和疏导方法，希望能够帮助到各位好爸爸。

1. 愤怒

表现： 孩子可能会大喊大叫、摔东西、打人或自残。

安抚和引导方法

冷静处理： 让孩子知道愤怒是一种正常的情绪，但表达方式需要正确。家长要保持冷静，不要以愤怒回应愤怒。

提供安全的发泄方式： 如通过打沙袋、撕纸等方式释放愤怒。

教孩子深呼吸： 鼓励孩子进行深呼吸或数数，帮助他们平静下来。

讨论原因： 事后与孩子讨论愤怒的原因，帮助他们学会解决问题和控制情绪。

2. 恐惧

表现： 孩子可能会表现出回避、哭泣、颤抖或请求保护。

安抚和引导方法

共情和安慰： 让孩子知道他们的恐惧是被理解和接纳的，给予他们情感上的安慰和支持。

提供信息： 向孩子解释他们恐惧的事物，帮助他们理解并减少未知带来的恐惧。

逐步接触： 帮助孩子逐步接触恐惧的事物，逐步建立信心和安全感。

利用故事和游戏： 通过讲故事或角色扮演游戏，让孩子在安全的环境中面对和克服恐惧。

3. 悲伤

表现： 孩子可能会哭泣、沉默、不愿与人交流或表现出失落。

安抚和引导方法

接纳情绪： 让孩子知道悲伤是正常的情绪，允许他们哭泣和表达悲伤。

陪伴和倾听： 在孩子身边陪伴，倾听他们的心声，给予他们情感上的支持。

鼓励表达： 鼓励孩子通过绘画、写作或讲述来表达自己的悲伤情绪。

提供安慰和鼓励： 给孩子温暖的拥抱和鼓励，让他们感到被关爱和支持。

4. 焦虑

表现： 孩子可能会表现出紧张、不安、过度担心或出现生理反应如出汗、心跳加速等。

安抚和引导方法

共情和理解： 让孩子知道他们的焦虑是正常的，理解并接纳他们的情绪。

教孩子放松技巧： 教孩子深呼吸、冥想或进行放松训练，帮助他们缓解焦虑。

建立规律和安全感： 通过建立规律的生活作息和营造安全感，让孩子感到稳定和安心。

逐步面对： 帮助孩子逐步面对他们的焦虑源，逐步建立信心和应对能力。

5. 嫉妒

表现： 孩子可能会对他人成功或拥有的东西感到不满、不安或敌意。

安抚和引导方法

认可情感： 让孩子知道嫉妒是正常的情绪，接纳他们的感受。

引导积极思考： 帮助孩子看到自己的优点和成功，增强自信心。

教会分享和合作： 通过游戏和活动，教会孩子分享和合作的重要性。

鼓励自我反思： 引导孩子反思嫉妒的原因，帮助他们理解和处理这种情绪。

孩子的情绪不稳定是正常的生理和心理现象。家长和老师需要理解并接受孩子的情绪反应，通过耐心倾听、情绪教育和日常互动，引导孩子学会认识、表达和管理自己的情绪，成长为心理健康、情绪稳定的成年人。

危机中的担当：父亲的坚强是孩子的依靠

作为家长，每天孩子去上学，一颗心总是悬着，担心其在外面受到欺负。

校园欺凌是一个有些敏感的话题。中国应急管理学会校园安全专业委员会发布的《中国校园欺凌调查报告》显示，我国约有 25.8% 的中小学生经历过校园欺凌。也就是说，每 4 个孩子中，就有 1 个经历过校园欺凌。而联合国教科文组织发布的《数字背后：结束校园暴力和欺凌》报告显示，全球有 32% 的学生近 1 个月内，至少有一次在学校遭遇过欺凌。也就是说，正在遭遇或曾经遭遇欺凌的学生，占到了总数的三分之一。

什么是校园欺凌呢？我想先请各位思考一个问题，并当一次“恶人”，把自己设身处地地代入下面的场景中：六年级，你们班有个叫周吴郑的学生转班过来，这时候有人让你上去打他两拳，你愿意吗？这时候你肯定是不愿意的，因为你不知道他的战斗力，害怕吃亏。而且你对陌生人也没有莫名其妙的恶意。

过了几天，周吴郑在上课时睡觉，鼻涕、口水流了一桌子，被老师喊起来罚站。下课后，同学们都在一起嘲笑他，有个比较调皮的学生，还给他起了个外号叫“鼻涕虫”。同学们哈哈大笑，周吴郑同学虽然生气，但没有表现出来，反而讪讪一笑。这时候，他释放的信号是什么呢？就是“我很软弱，我很好欺负”。

之后又过了几天，那个调皮的同学看到周吴郑桌子上有一支很好玩的笔，就把它拿走了。周吴郑发现之后，想要回来，那位同学却纠集了班里的其他几个同学，不仅拒绝归还，还警告他：要是敢告诉老师，让他吃不了兜着走。于是周吴郑再次选择了妥协。

这样的事情不断发生、不断重复、不断循环，班里的所有同学，甚至其他班的同学也知道了你们班有个叫周吴郑的人很好欺负，而且不用付出任何代价。于是欺凌行为逐渐升级，最终导致了不可挽回的后果。

在这场事件中我们可以看到一个清晰的脉络：欺凌事件的强度和烈度是随着时间缓慢增加的，一开始只是嘲笑、起外号，之后才愈演愈烈。而被欺凌者之所以受到欺负，是因为他没有反抗，也没有让欺凌者付出任何代价，也就是说，欺负他是没有成本和后果的。其实，大多数欺凌者身上都有这样的特点。

我们还可以思考另一个类似的问题：为什么很多人在家里

喜欢发火，脾气暴躁，到单位和公司，或者在外人面前却是个“老好人”呢？其实，这个道理也是一样的：在家里发火没有任何后果，可以肆无忌惮地攻击他人。

1961年到1962年间，纳粹战犯阿道夫·艾希曼在以色列耶路撒冷受到了审判，德国作家汉娜·阿伦特进行了全程报道。艾希曼是纳粹德国的高级官员，他在“二战”期间负责协调和执行对犹太人的大规模驱逐和屠杀。在审判过程中，艾希曼表现得像一个普通的官僚，他声称自己只是按照上级的命令行事，没有个人的恶意。

于是，阿伦特在《艾希曼在耶路撒冷——关于艾希曼审判的报告》中提出了平庸之恶的概念。

平庸之恶的核心特征有以下几个方面：

◇ **平庸性：** 平庸之恶的实施者通常是普通人，他们没有表现出任何极端的恶意或异常的心理特征。他们的行为往往是例行公事，缺乏对自己行为的深刻反思。

◇ **顺从性：** 这些人通常严格遵循上级的命令或法规，而不考虑这些命令的道德和伦理后果。他们缺乏独立思考和批判性判断的能力。

◇ **责任的分散：** 在官僚体系中，责任被层层分散，个体往往只负责整个过程中的某一个环节，从而削弱了个人对整体行为的道德责任感。

◇ 道德麻木：平庸之恶的实施者对自己行为的道德后果漠不关心，他们往往在长期的制度化生活中丧失了基本的同情心和道德感。

平庸之恶的概念提醒我们，恶行并不仅仅是由极端个体实施的，它也可以由普通人在日常生活和工作中不经意间实施，就像校园欺凌。在校园环境中，欺凌行为的实施者、旁观者及教育者之间在无意识或缺乏反思的情况下，共同构成了一种复杂的、往往被忽视的恶行。

许多实施欺凌的学生并非出于个人的恶意或心理变态，而是受到集体压力、环境影响或模仿他人行为，想要积极地融入群体而实施欺凌行为。类似于纳粹官员艾希曼，他们只是顺从群体规范，缺乏对自己行为的反思和批判。

就像我们上面说过的，校园欺凌往往是从一件不起眼的小事开始，欺凌者通过这些小事不断试探被欺凌者的底线，行动也进一步加剧，它是一个持续性的过程，而不仅仅是一个明显的结果。校园欺凌是一种持续性的伤害行为，受害者通常面临身体、情感、心理或社交方面的攻击。尽管很多人将欺凌与暴力、威胁、辱骂等强烈冲突联系在一起，但实际上，欺凌的形式远不止这些。

语言欺凌

表现形式：嘲笑、辱骂、侮辱、威胁、取绰号或散布谣言。

影响： 语言欺凌对受害者的自尊心和自信心造成严重打击，可能导致受害者长期的心理问题，如焦虑和抑郁。

社交欺凌

表现形式： 排挤、孤立、拒绝与受害者交往、故意在他人面前贬低受害者或传播关于受害者的不实信息。

影响： 社交欺凌使受害者感到孤独和被排斥，影响他们的人际关系和社交技能发展，甚至可能导致社交恐惧症。

身体欺凌

表现形式： 殴打、推搡、踢打、抢夺或破坏受害者的物品。

影响： 这种形式的欺凌直接对受害者造成身体上的伤害，并可能导致长期的心理创伤。

网络欺凌

表现形式： 通过社交媒体、短信、电子邮件等途径进行侮辱、威胁、散布谣言或泄露隐私。

影响： 网络欺凌不仅在时间和空间上无处不在，而且传播速度快、影响范围广，对受害者的心理健康造成巨大压力和伤害。

心理欺凌

表现形式： 通过操控、控制、恐吓、威胁或贬低受害者，来达到支配受害者的目的。

影响： 心理欺凌对受害者的精神健康造成深远影响，受害者可能会出现自卑、焦虑、抑郁等心理问题，甚至产生抑郁倾向。

作为爸爸，我们应该怎样防止孩子受到欺凌呢？我个人的经验是，首先要跟孩子建立起信任关系，让孩子感到在遇到问题时可以向父母倾诉。我见过很多家长，孩子在外面受到欺负时，他们第一反应不是安慰孩子，教会孩子如何保护自己，而是责备孩子、攻击孩子。比如：“你怎么这么软蛋，他打你你不会打回来吗？”“整天就知道哭，一点男子汉的样子也没有。”“谁让你这么孬种，受欺负是你活该！”面对这样的沟通方式，孩子在受到欺负之后只会选择忍气吞声，不敢告诉父母。久而久之，由于找不到寻求帮助的途径，孩子就会陷入焦虑和绝望之中。

要让孩子知道，什么是欺凌行为，我们上面已经总结得非常详细了。一定要提醒孩子，就算看上去“人畜无害”地取绰号，也是一种欺凌，这样才能防微杜渐，把欺凌的苗头消灭在萌芽状态。可喜的是，关于这一点，法律上已经做出了明确的规定。2018 年 12 月 1 日，广东省《加强中小学生欺凌综合治理方案的实施办法（试行）》正式实施，规定给他人起侮辱性绰号等皆属于欺凌事件，行为严重者可以开除学籍。

爸爸还要留意孩子的情绪和行为变化，及时发现并干预潜在的欺凌行为。教育孩子如何应对欺凌行为，提高他们的自我保护意识和能力。在孩子解决不了问题的时候，一定要坚定地站出来，让孩子知道，自己永远是他们坚强的后盾。

前几天看了个新闻，发生在河北某中学。一个上初一的新生被初三的孩子围在厕所要烟，爸爸知道后，买了5条烟站在学校门口，在放学时间用喇叭高喊："你们要的烟我买来了，不要打俺家孩子。"很快，这件事就得到妥善解决了。

欺凌行为会给孩子的身心造成极为严重的伤害。在孩子遭遇欺凌时，爸爸一定要第一时间站出来，通过合法、合规的渠道解决问题。

情商培养：最高级的情商是感同身受

前段时间看了一个很有趣的视频：一个小男生喜欢打人，家长屡教不改。于是，孩子的爸爸想了一个很巧妙的办法。他买了两副拳击手套和护具，让孩子戴上一套，自己戴上一套，和孩子进行了一场别开生面的拳击比赛。

一开始，孩子还以为爸爸跟自己闹着玩呢，嘻嘻哈哈的，表现得很兴奋。可下一瞬间，父亲的一记重拳就打在了孩子戴着护具的脑袋上，孩子被打蒙了，这才意识到事情的严重性。可父亲并没有打算停手，一记左勾拳，一记右勾拳，最后以一记漂亮的直拳收尾。当然，这位爸爸没有用全力。比赛结果显而易见，孩子哭得稀里哗啦，高举“免战牌”，请求“对方选手”不要再打了。

这时，爸爸才摘下护具说：“疼不疼？”孩子哭着说：“疼。”爸爸又问：“以后还打不打人了？”孩子哭着说：“不打了不打了，再也不打了。”爸爸接着说：“你觉得自己厉害，打这个打那个，哪天踢到铁板，你连哭的机会都没有。”

我非常赞同这位父亲的做法。孔子说:“己所不欲勿施于人。”情商的最高段位,其实就是感同身受。

我见过很多爷爷奶奶带孩子,由于隔辈亲,对孩子溺爱,很少指责和批评,于是很多孩子就成了“无法无天”的“小霸王”。在家里,对着爷爷奶奶拳打脚踢,出门后对其他小朋友也“动手动脚”,打赢了架,爷爷奶奶还会竖起大拇指:“我大孙子真厉害。”

殊不知,用这种方式教育出来的孩子,就像一个行走的“炸药包”,随时可能被点燃,造成严重后果,要么伤人,要么伤己。有句话怎么说来着?你不教育,到了社会上有人帮你教育。只要在搜索引擎中键入“熊孩子”,我们就能看到很多触目惊心的新闻,光是标题就令人毛骨悚然。“熊孩子”最大的问题,其实就是情商低,没有同理心,无法对他人感同身受。

在孩子成长或者成功的道路上,到底智商重要还是情商重要呢?我的经验和理解是,在人情化的社会中,情商更重要。咱们中国有句俗话,叫“会做事的,比不过会说话的”。各位好爸爸应该跟我有类似的经历和感悟。踏踏实实、勤勤恳恳做好的项目,被人家几句话就把功劳全都抢走了。单位里的“老黄牛”很难得到晋升机会。不会说话的人,有时候一句话就把人得罪了,自己却浑然不知。

我上中学时有个同学,可说是“万人迷”,无论是老师还是班里的同学，都非常喜欢他。我总结了一下他的社交方式，得出了“三字箴言”：亏、捧、听。亏，就是故意让别人占自己便宜，自己假装不知道，就算知道了也不在乎。大部分人都喜欢占便宜，他就是吃准了这个心理。捧，就是只说别人爱听的，用“放大镜”寻找别人身上的闪光点，然后把这个闪光点放大，再放大，1个说成10个，10个说成100个。谁不爱听好话呢？听，就是不和人辩论，同意其他人的一切观点，并且引导你一直说话。大部分人都喜欢表达而非倾听，他就是抓住了这个点。

总结起来，这位同学的社交技巧其实也没有那么高明，就是把自己喜欢做的事投射到别人身上，让别人通过自己得利，大家自然都喜欢和他交往。说到底，还是同理心，能够对别人感同身受。

我们以上说的这些，并不是让孩子们去学趋炎附势、钻营取巧，而是想让孩子们拥有良好的社交能力，能够多交一些好朋友，成为他们人生路上的助力。

情商到底是什么呢？除了同理心之外，它还包括哪些方面呢？从心理学的角度来说，它是指一个人识别、理解、调节自己和他人情绪的能力，包括自我觉察、自我管理、自我激励、同理心和社交技巧5个要素。下面是我在生活中总结的一些经验和使用技巧，分享给各位。

自我觉察

自我觉察是指对自己情绪、动机和行为的认知和理解。要帮助孩子提高自我觉察，可以采取以下措施。

◇ **定期反思：**和孩子进行定期的反思对话，比如在一天结束时，问孩子："今天你有什么开心或不开心的事情吗？"通过这样的对话，孩子会开始反思自己的情绪和感受。

◇ **情绪识别：**教孩子识别和命名自己的情绪，比如："你现在是生气、伤心还是失望？"可以通过绘本、卡通等方式帮助孩子理解不同的情绪。

◇ **情绪日记：**鼓励孩子写情绪日记，记录每天的情绪和感受，以及引发这些情绪的事件。这样可以帮助孩子更好地理解自己。

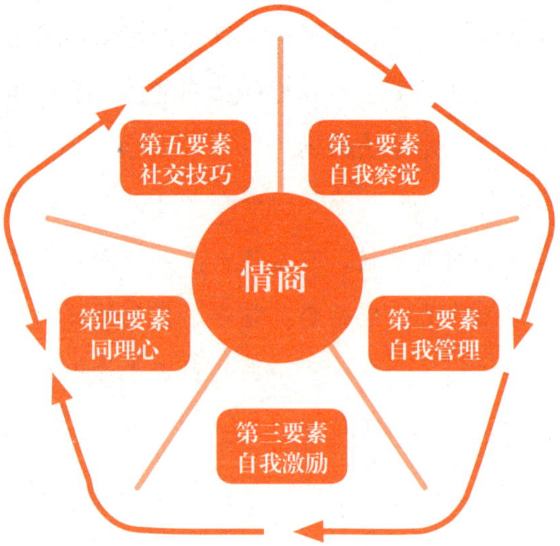

自我管理

自我管理是指调节和控制自己情绪的能力。可以通过以下方式帮助孩子提高自我管理能力。

◇ 情绪调节技术：教孩子深呼吸、数数、冥想等简单的情绪调节技术，当他们感到愤怒或焦虑时可以使用这些方法来平静自己。

◇ 情境模拟：通过角色扮演模拟一些可能引发情绪波动的情境，比如考试前的紧张、与朋友的争吵等，教孩子如何在这些情况下管理情绪。

自我激励

自我激励是指激励自己去追求目标和实现愿望的能力。

◇ 树立榜样：爸爸可以通过自身的行为树立榜样，展示自我激励的价值和方法，比如坚持锻炼、努力工作等。

◇ 积极反馈：及时给予孩子积极的反馈和鼓励，比如："你今天做得很好，继续加油！"这种正面的评价可以激励孩子继续努力。

◇ 创造机会：为孩子提供机会，让他们在完成一些小任务后获得成就感，从而激励他们继续追求更大的目标。

同理心

同理心是理解和感受他人情绪的能力。

◇ 故事讲述：通过讲述和阅读饱含情感和道德情节的故

事，让孩子从中学习和感受不同的情绪和价值观。

◇ 讨论感受：与孩子讨论别人的感受，比如在看电影或阅读书籍时，问孩子："你觉得这个角色怎么样？为什么？"这样可以帮助孩子理解和感受他人的情绪。

社交技巧

社交技巧是与他人有效沟通和建立关系的能力。

◇ 模拟练习：通过角色扮演模拟各种社交情境，比如打招呼、道歉、感谢等，帮助孩子练习和掌握基本的社交技巧。

◇ 社交礼仪教育：教导孩子基本的社交礼仪，比如礼貌用语、良好的态度和行为规范等，帮助他们在社交场合中表现得体。

◇ 引导互动：鼓励孩子多参与团队活动、社交聚会等，通过实际互动来提升他们的社交技巧和自信心。

◇ 冲突解决：当孩子在社交方面遇到问题时，引导孩子通过正确的方式解决问题，不要引发矛盾和冲突。

◇ 潜移默化：爸爸在平时与其他人沟通时，可以刻意地把自己为什么要这样做、为什么要说这些话告诉孩子，让他们能够在日常生活中，通过"润物细无声"的方式获取社交技巧。

通过以上方法，爸爸可以帮助孩子逐步提高情商，使他们在面对复杂的情感和社交情境时更加游刃有余、健康成长。

“I 人”与“E 人”：每个孩子都是独一无二的精灵

你有没有被人问过是“I 人”还是“E 人”？我经常被问，但可能是因为脑子不好使，至今记不住什么是“I 人”，什么是“E 人”。于是专门查了一下，对这两种人格进行了十分系统的了解，现将我的总结记录如下。

“I 人”和“E 人”是指人的性格类型，在心理学中，它们用来描述一个人的内向型（Introvert）和外向型（Extrovert）特质。这个概念最早由心理学家卡尔·荣格提出，并被广泛应用于各种人格测量工具和理论中，比如著名的迈尔斯－布里格斯类型指标（MBTI）。

内向型（“I 人”）

社交偏好：内向型的人通常倾向于独处或与少数几个亲密的朋友相处。大规模的社交活动或嘈杂的环境会让他们感到疲惫和不适。

能量来源：他们通过独处、阅读、思考、写作等安静的活动来恢复和获取能量。

沟通方式：内向型的人更倾向于深思熟虑后再表达自己的想法，往往在口头表达上比较谨慎和低调。

兴趣与爱好：他们通常喜欢独立的、沉静的活动，比如看书、绘画、写作、编程等。

外向型（“E人”）

社交偏好：外向型的人喜欢与人交往，享受参加各种社交活动、聚会和团队合作。在人多的环境中，他们会感到兴奋和充满活力。

能量来源：他们通过与他人互动、交流和参与活动来获取和恢复能量。

沟通方式：外向型的人通常善于口头表达，喜欢分享自己的想法和感受，表达方式直截了当。

兴趣与爱好：他们通常喜欢互动性强的活动，比如运动、聚会、旅行、演讲等。

总而言之，“I人”的人倾向于通过独处或与少数亲密朋友相处来恢复能量，喜欢安静的、独立的活动。“E人”的人通过与人互动和参加社交活动来获取能量，喜欢热闹的、互动性强的活动。

我认识的大部分人都把我归入“I人”行列，认为我是个沉默寡言的人，经常“逃离”人群，一个人躲在不起眼的角落里，不知道在做什么。但是，我并不觉得自己是个“I人”，为什么呢？接下来请听我“狡辩”。

首先，我确实有些沉默寡言，但并不是不好意思说话，而是觉得无话可说。也可能是工作的原因，我把想说的话已经写成文字分享出去了，所以并没有那么强的表达欲望。但有时候，我随便找个陌生人能聊半天，没有丝毫不适和胆怯。在有目的的情况下，我也可以通过与陌生人交流达成目的。

其次，我喜欢和朋友们甚至是陌生人聚在一起，很喜欢这样热闹的氛围，只是一来朋友都不在一个城市，二来没有时间。

最后，我还是个“运动狂人”，几乎每天都要骑自行车，间歇性玩滑板、打羽毛球、跳绳。

因此，我并非什么“I人”，也不是什么“E人”，而是介于两者之间。你可能会说，这个人真是厚脸皮，为了标榜自己独特，还搞出了这么一个中间型。这还真是冤枉我了，行为心理学指出，每个人在不同的环境和情况下可能会表现出内向或外向的特质，这并不是绝对的分类，而是一个连续谱上的两个极端。许多人介于这两者之间，称为“中向型”（Ambivert）。所以，如果下次有人问你类似的问题，你可以说我是个“A人”。

我之所以说这些，是为了提出反对意见：任何用某种框架将人简单划分为两个群体的做法，都是不恰当的。而我之所以提出这样的抗议，是因为很多家长都存在这样的情况，他们把孩子简单划分为内向和外向，给孩子们贴上难以摘除的标签，背后的原理和动机如下。

他们先在心里确定一个“正常孩子”或者“合格孩子”的标准：一个孩子应该活泼好动，应该善于结交朋友，应该大大方方表现自己，应该站在舞台的聚光灯下，成为全场的焦点，也就是所谓的外向。只要不符合这个标准，他们就会把自己的孩子归入“不正常”，并通过各种手段进行干预，试图“拨乱反正”，让孩子成为一个他们心目中的“正常人”。但是家长们越是这样，就会发现孩子们越不配合，反而越发“严重”了。

为什么很多家长会觉得孩子外向才是“正常”呢？我们深入分析一下就会发现，社会和教育系统通常将外向性格视为成功的标志。外向型孩子通常被认为更容易融入集体、更擅长社交、更能在公共场合表现自如，从而更有可能在未来的社会生活和职场竞争中取得成功。而教育的目的，就是把孩子从一个“自然人”训练成“社会人”。

从社会层面来说，外向型孩子通常被认为更擅长交朋友、更能与他人合作，这种能力在团队工作、领导能力和人际关系中都显得尤为重要。因此，家长希望孩子具备这些技能，以便在未来的社会生活中更加适应和成功。

从表现机会的层面来说，学校和社会活动中，往往给予外向型孩子更多的表现机会。例如，在课堂上积极发言、参加各种竞赛、在公众场合演讲等，这些活动能提高孩子的自信心和影响力。家长认为这些机会能为孩子的未来铺路，因此希望孩子具备这些特质。

从教育理念来说，传统的教育系统倾向于标准化，追求统一的教育目标和模式。外向型的行为往往被视为符合这些标准，因为外向型孩子更容易在课堂上积极参与、与老师和同学互动，从而被认为是“合格”的学生。

但这种理念存在很多问题。许多家长将外向与成功直接挂钩，认为只有外向的孩子才能在未来的竞争中取得优势。这种观念源于对外向型成功案例的过度关注，忽视了内向型孩子的潜力和独特优势。

家长对孩子未来的担忧，常常导致他们采取干预措施，希望通过改变孩子的性格来提高他们的竞争力。然而，这种干预往往忽视了孩子的个体差异，忽视了内向型孩子同样可以通过不同的途径取得成功。

每一种性格的孩子，都有他们自身的天然优势。外向型的孩子虽然有这样或者那样的生存优势，但内向型的孩子更擅长深入思考和分析，能够在安静的环境中集中注意力。这使得他们在需要长时间专注、思考复杂问题或进行深度研究的任务中表现得尤为出色。

内向型的孩子往往更具自省能力，善于反思自己的行为和情感，从中获得成长。这种自我反思的能力使得他们在情感上更为成熟，能够更好地理解自己和他人。他们的情感往往在社交互动中更加细致和敏感，能够注意到他人的情绪变化，展现出更高的同理心。

我认识很多非常优秀的儿童文学作家，他们身上都有一个共同的特点，就是拥有一颗赤子之心。他们说话时轻声细语，脑子里经常能够想到一些出人意料的点子，像小孩子一样充满纯真和童趣，而且他们看上去永远那么年轻。

我并不是说他们都是内向的人，而是想说，他们受到的社会规训很少，也唯有如此，才能通过孩子的视角去看待这个复杂的世界。

每个孩子都是独一无二的“精灵”，不要简单粗暴地将孩子们划分为两个不同的类别，并通过各种手段试图改变孩子的性格，因为这样的做法不仅不恰当，而且很有可能会对孩子们造成心理伤害，导致自我怀疑。

作为爸爸，我们应该看到孩子们身上的闪光点，并努力发掘这些闪光点，帮助每个“精灵”走上适合自己的人生道路。

第六章

做一个有适应力的父亲：规划未来，不如做好当下

计划人生：世界是一个巨大的混沌系统

我上大学时，有一次来了个校外的老师，据说是人生规划师。她穿着一身职业西装，拿着粉笔在黑板上洋洋洒洒写了很多东西，板书非常工整，思维导图也画得横平竖直。我至今仍然记得她说的话："没有规划的人生是毫无意义的，一个人对于自己的未来都没有规划，还指望他能做什么？"我当时听得热血沸腾，拿出纸笔准备给自己定一个计划。但仅仅几分钟后，那位老师就拿出了自己的著作，我这才知道她是卖书的。

人生为什么无法规划？这个问题的答案其实很简单，你知道下一秒会发生什么吗？如果你连下一秒的事都无法预见，那你为什么有自信，相信自己能够按照既定的计划，走完漫长的人生？

我们生活的世界本质上是一个巨大的混沌系统。所谓混沌系统，指的是那些对初始条件极其敏感的系统，即使是微小的变化也会导致结果的巨大差异。用一句通俗的话来说，就是"蝴蝶效应"：一只蝴蝶在亚马孙雨林中扇动翅膀，可能会在几周后引发得克萨斯州的一场龙卷风。我们的生活正是这样的一个复杂系统，充满了无数不确定性和变数。

世间唯一的永恒就是变化。

回想一下，你小时候是否也跟我一样，曾经有过某些“坚定”的梦想？你是否曾经计划过某个具体的职业或生活方式？而现在的你，是否依然沿着当初设想的道路前行？答案很可能是否定的。因为在人生的旅途中，我们会遇到无数的选择和变故，这些都远远超出了我们的掌控。即使你今天能够明确自己的目标和计划，也无法预见未来的变化和挑战。

人生无法完全规划，但这并不意味着我们就应该放弃一切目标和努力。相反，我们应该在接受不确定性的同时，尽力做好每一个当下。老话说得好：“尽人事听天命。”作为一个个体，我们唯一能做的就是把手边的工作做好，除此之外别无他法。每一步踏实地努力，每一个细小的进步，都会在不经意间为我们未来的道路铺就基石。

那些在各自领域取得巨大成就的人，往往并不是从小就确立了什么“高大上”的理想，而是走一步看一步，随时调整自己的方向，适应环境的变化。他们在面对困境和挑战时，不是因为早已预见了结果，而是因为他们能够在不确定性中找到前进的动力。这样的例子比比皆是，无论是商业巨头、科学家还是艺术家，他们的人生轨迹都充满了变数和转折。

正因为如此，我们不应该被“人生规划”的概念所束缚，而是应该教会孩子：这个世界随时都在变化，与其将精力耗费在制订详细的长远计划上，不如把目光聚焦于眼前的任务，把每一个今天都过得充实而有意义。只有这样，我们才能在未来回首时，不会为虚度光阴而悔恨，也不会为机会错失而懊恼。

我们如何把这样的观念传递给孩子呢？下面是我总结的一些经验和具体方法，希望能够对大家有所启发。

强调过程而非结果

从小就教孩子关注过程，重视他们在每一件事情中付出的努力和获得的成长，而不仅仅是结果。例如，在考试结束后，与孩子讨论他们学到了什么，而不是仅仅关注分数。通过这样的方式，孩子会逐渐理解，人生的价值不在于结果，而在于过程中的努力和成长。

树立灵活的目标观念

帮助孩子设定灵活的目标，而不是僵硬地规划。鼓励他们在实现目标的过程中，根据实际情况调整自己的计划和策略。比如，在学习上可以设定一个大的方向目标，但在具体的学习过程中，根据自己的兴趣和实际情况进行调整和选择。

通过榜样示范

家长自身也要践行“尽人事听天命”的理念，以身作则。分享自己的经历，告诉孩子在面对不确定性和变化时，如何通过努力和适应来应对。同时，展示自己在面对挫折和失败时的积极态度和解决方法，让孩子看到实际的榜样。

教会孩子时间管理和优先级

教孩子如何合理安排时间，分清轻重缓急。这不仅有助于他们更有效地完成任务，也能让他们在面对多个目标和任务时，学会取舍和调整。比如，可以让孩子自己安排一天的时间表，帮助他们逐渐掌握时间管理的技巧。

提供情感支持和鼓励

在孩子面对不确定性和挑战时，给予他们情感上的支持和鼓励。让孩子知道，无论他们遇到什么困难，爸爸都会在他们身边支持他们。通过这种方式，孩子会有更多的勇气和信心去面对未来的不确定性。

正因如此，我们作为爸爸，更应该放下宏大叙事，用还原主义的方法，把孩子看作孩子，而不是一个实现梦想的“机器”。我们应该教会孩子的，是迎接变化、拥抱变化，在未知中获利，而不是用看似“已知”的人生束缚自己的手脚。我们前面分享过的终身学习，其实也是这一理念的体现。

适应力：一种强大的生存能力

在这个千变万化的时代，作为爸爸，我们最应该教会和培养孩子们的适应力，只有拥有了适应力，才能保证生存能力。

从心理学的角度来说，适应力，又称为心理弹性，是指个体在面对压力、逆境、创伤或其他重大生活挑战时，能够有效地应对并恢复正常功能的能力。这种能力不仅包括在短期内应对突发事件的反应，还涉及长期的适应过程，是一种动态的心理资源。适应力并不是天生的，而是通过环境、经历和个人特质的相互作用逐渐形成的。

适应力由以下几个主要部分组成。

◇ **情绪调节能力：** 能够有效管理和调节自己的情绪，避免陷入负面情绪的困扰。

◇ **认知灵活性：** 能够灵活地调整自己的思维方式，适应不同的情境和需求。

◇ **社交支持：** 拥有强大的社会支持网络，包括家庭、朋友和社区的支持。

◇ **问题解决能力：**能够有效识别问题并寻找解决方案，积极应对挑战。

◇ **自我效能感：**相信自己的能力，认为自己能够应对困难和挑战。

适应力是心理健康的重要组成部分。具有高适应力的人在面对压力和逆境时，更能保持心理稳定，减少焦虑、抑郁等负面情绪的发生。研究表明，适应力强的人更容易从创伤中恢复，重新找到生活的意义和目标。

适应力强的孩子在学习过程中能够更好地应对挫折和挑战，不轻易放弃。同时，他们在面对新知识和技能时，更愿意尝试和探索，学习效果更好。在工作环境中，适应力强的成年人能够更好地应对工作压力，保持高效的工作状态。

那么，如何帮助孩子培养适应力呢？下面是我总结的一些经验和具体的操作方法。

◇ **提供安全感：**孩子在一个安全和稳定的环境中成长，更容易发展出高适应力。家长应该为孩子提供一个充满爱和关怀的家庭环境，让孩子感受到被爱和被支持的安全感。

◇ **建立信任关系：**与孩子建立深厚的信任关系，成为孩子可以依赖和求助的对象。家长应该倾听孩子的心声，理解他们的情绪和需求，给予他们及时的支持和帮助。

◇ **鼓励多角度思考：**培养孩子的认知灵活性，鼓励他们从不同的角度思考问题。例如，在解决问题时，可以引导孩子思考多种解决方案，并评估每种方案的优缺点。

◇ **适应变化：** 教孩子接受变化，适应不同的环境和情境。可以通过带孩子参与不同的活动和体验，增强他们对新环境的适应能力。

◇ **引导自主解决问题：** 在孩子遇到困难时，家长不要急于提供答案，而是引导孩子自己思考解决方案。例如，当孩子遇到学习上的难题时，家长可以鼓励他们查找资料，和同学讨论，而不是直接给出答案。

◇ **鼓励探索和尝试：** 鼓励孩子在安全的范围内探索和尝试新事物，即使失败也是一种宝贵的学习机会。家长可以通过表扬孩子的尝试精神，帮助他们树立自信心和勇气。

◇ **给予积极反馈：** 在孩子取得进步和成就时，家长应该给予积极的反馈和表扬，增强孩子的自我效能感。例如，当孩子在某个项目中取得好成绩时，家长可以用具体的语言赞扬他们的努力和进步。

适应力是孩子面对未来不确定性的关键能力。通过这些具体的措施，可以让孩子更好地应对生活中的挑战和变化，成长为心理健康、适应力强的个体。

关于未来：孩子们的星辰大海

孩子们的未来，就是我们的未来，我们希望孩子们是什么样的，我们的未来就很有可能是什么样的。

每个孩子的未来，都充满了无限的可能和希望。作为爸爸，我们都希望孩子们能在这片星辰大海中找到属于自己的那颗星星，并在追寻梦想的过程中，拥有一个健康、快乐和充实的人生。

我们的孩子应该是什么样的呢？我找到了很多答案。

陈独秀在《新青年》的创刊词中，给所有的青年写了一封信，他说，青年人应该是“自主的而非奴隶的”“进步的而非保守的”“进取的而非退隐的”“世界的而非锁国的”“实利的而非虚文的”“科学的而非想象的”。

鲁迅给青年的寄语是：“愿中国青年都摆脱冷气，只是向上走，不必听自暴自弃者流的话。能做事的做事，能发声的发声。有一分热，发一分光，就令萤火一般，也可以在黑暗里发一点光，不必等候炬火。此后如竟没有炬火，我便是唯一的光。倘若有了炬火，出了太阳，我们自然心悦诚服地消失，不但毫无不平，而且还要随喜赞美这炬火或太阳；因为他照了人类，连我都在内。我又愿中国青年都只是向上走，不必理会这冷笑和暗箭。”

两位先生说得都非常好，非常符合当时的时代特性。但我想，我们现在生活的这个时代，是不是又有了一些新的特质，孩子们是不是也有了更多的新烦恼、新梦想和新想法呢？于是，我心里怀着憧憬，仔细思考了很长时间，把自己代入孩子们的角度，用他们想要的和希望拥有的，构筑了一段不算完美的寄语。

孩子们应该是健康的，拥有一个温暖的家庭：健康不仅指身体的健康，还包括心理和情感的健康。温暖的、充满爱与支持的家庭环境，是孩子们成长的基石，也是他们一生的力量源泉。无论到什么时候，孩子们只要一想起家庭，就会感受到温暖，就能找到向前的勇气和决心。作为爸爸，我们应该站在孩子们的角度，去和他们沟通，理解他们内心的想法，而不是用严肃和打骂来展现自己的权威。

孩子们应该有一个幸福的童年，而不是“卷生卷死”，有着做不完的作业和上不完的兴趣班：童年是一个人最美好的回忆，也是无法倒流的时光。就我所了解的和接触的而言，所有望子成龙和望女成凤的家长，潜台词都是：“我家孩子不是普通人，他以后一定能成功。”抱着这样的目标和愿景，孩子们怎么可能快乐呢？

孩子们应该有正确的世界观和价值观，来帮助自己更好地理解自己和世界，做出明智的选择： 培养孩子的同理心、正直、责任感和公平意识，让他们学会尊重他人，关心社会，理解多样性和包容性。这不仅有助于孩子们个人的成长，也有助于他们在未来成为一个有贡献的社会成员。

孩子们应该具备强大的生存能力： 在这个瞬息万变的世界中，生存能力尤为重要。这不仅包括基本的生活技能、学习能力和执行能力，还包括应对挫折和困难的能力。孩子们需要学会独立思考、解决问题、管理时间和资源，以及适应变化。父母可以通过实际的生活体验、游戏和教育，帮助孩子们培养这些重要的技能，让他们在未来的道路上更加自信和从容。

孩子们不一定要成为成功人士，他们可以是普通人： 成功的定义是多样的，不应局限于社会地位和财富。我们应该教会孩子们，幸福和满足源于内心的平静、家庭的温暖和朋友的支持。无论他们选择什么样的人生道路，只要他们感到快乐和满足，那就是成功的。作为爸爸，我们的职责是支持和引导他们找到属于自己的幸福，而不是强加给他们我们认为的成功标准。

孩子们的未来如同星辰大海，充满无限可能： 我们作为爸爸，能做的就是为他们提供一个健康、温暖的成长环境，帮助他们树立正确的世界观和价值观，培养他们强大的生存能力，并尊重他们的选择，让他们找到属于自己的幸福。只有这样，我们才能在他们的未来中，看到那颗属于他们的星星，闪烁在星辰大海中，照亮他们前行的道路。